HEYNE <

D1928758

DOREEN VIRTUE

Die Heilkraft der Engel

Aus dem Amerikanischen übertragen von Thomas Görden

WILHELM HEYNE VERLAG
MÜNCHEN

HEYNE ESOTERISCHES WISSEN

Herausgegeben von Michael Görden
13/9920

Die Originalausgabe erschien 1999 unter dem Titel
HEALING WITH THE ANGELS
im Verlag Hay House, Inc., Carlsbad, CA

Umwelthinweis:
Dieses Buch wurde auf
chlor- und säurefreiem Papier gedruckt.

3. Auflage

Taschenbuchausgabe 10/2002
Copyright © 1999 by Doreen Virtue
Copyright © der deutschsprachigen Ausgabe
2002 by Wilhelm Heyne Verlag GmbH & Co. KG, München
www.heyne.de
Printed in Germany 2003
Lektorat: Renate Schilling
Umschlaggestaltung: FranklDesign, München
Umschlagillustration: Corey Wolfe
Satz: Fotosatz Völkl, Puchheim
Druck und Bindung: Ebner & Spiegel, Ulm

ISBN 3-453-86448-4

Inhalt

Gewidmet denen, die uns als Engel dienen,
im Himmel und auf der Erde.
Danke für eure Liebe, Hingabe und Hilfe.
Bitte, habt auch weiterhin Geduld mit uns,
während wir lernen, eure Geschenke
dankbar und bereitwillig anzunehmen.

Einleitung

Es ist keine Einbildung. Engel *sind* unter uns, heute mehr denn je, und zwar nicht bloß in Form kommerzieller Vermarktung. Eine wachsende Zahl von Menschen berichtet von Begegnungen mit diesen himmlischen Wesen. Bei diesen Begegnungen bringen die Engel wichtige Botschaften, ermöglichen Heilung oder greifen gar lebensrettend ein.

Warum sind die Engel in letzter Zeit so viel auf der Erde unterwegs? Zum Teil wegen unserer Gebete um himmlischen Beistand und zum Teil, weil Gott und die Engel wissen, dass es heute an der Zeit für uns ist, uns selbst, unser Leben und unsere Welt zu heilen. Zu Beginn des neuen Jahrtausends helfen die Engel uns dabei, die Probleme und Leiden aufzulösen, die uns davon abhalten, unser höchstes Potenzial zu leben.

Die Engel sind hier, um uns beizubringen, dass Gottes Liebe die Antwort ist auf alle Fragen und Probleme. Sie sind hier, um uns von den Auswirkungen der Angst zu heilen. Die Engel sind großartige Heiler, und wenn Sie mit ihnen zusammenarbeiten, können Sie ihre Heilungsarbeit intensivieren und beschleunigen. Je mehr wir die Engel in unser Leben einladen, desto mehr kehrt der Glanz des Himmels bei uns ein.

Die Heilkräfte der Engel sind grenzenlos. Sie können uns helfen, unsere Beziehungen zu anderen Menschen zu heilen, häusliche, berufliche und finanzielle Probleme zu lösen und überhaupt alles zu bereinigen, was uns zu schaffen macht. Wir müssen lediglich ein paar einfache Regeln befolgen, um es den Engeln zu ermöglichen, uns zu helfen:

1. Bitten. Das Gesetz des freien Willens besagt, dass die Engel sich nicht in unser Leben einmischen dürfen, wenn wir es ihnen nicht ausdrücklich erlauben. Die einzige Ausnahme von dieser Regel sind lebensgefährliche Situationen, in die wir geraten, bevor unsere Zeit gekommen ist. In allen anderen Fällen müssen wir die Engel ausdrücklich um Hilfe bitten.

Und wie bittet man die Engel um Hilfe?, fragen Sie sich nun vielleicht. Dazu ist kein formelles Anrufungsritual nötig. Es genügt, wenn Sie bewusst denken: *Engel, helft mir!*, und sie werden sofort reagieren. Von der Geburt bis zum Tod stehen Ihnen, wie jedem Menschen, zwei oder mehr Schutzengel zur Seite. Nichts, was Sie tun, sagen oder denken, kann Ihre Engel vertreiben oder ihre Liebe zu Ihnen verringern. Die Liebe Ihrer Schutzengel zu Ihnen ist vollkommen und bedingungslos!

Sie können auch um Unterstützung durch weitere Engel nachsuchen. Bitten Sie dazu entweder Gott, er möge Ihnen zusätzliche Engel schicken, oder wenden Sie sich unmittelbar an die Engel. Beides hat die gleiche Wirkung, denn die Engel gehorchen immer Gottes Willen. Und Gott will immer, dass Engel Sie umgeben und trösten, sobald Sie darum bitten.

2. Das Problem Gott oder den Engeln übergeben. Ehe Gott und die Engel Sie heilen oder ein Problem für Sie lösen können, müssen Sie es ihnen völlig übergeben. Das ist wie beim Abschicken eines Briefes: Sie müssen den Brief aus der Hand geben, damit die Post ihn befördern kann. Häufig bitten wir den Himmel um Hilfe, doch statt die Dinge dann geschehen zu lassen, klammern wir uns an die Situation und schränken damit die Möglichkeiten der Engel ein, uns zu helfen. Wenn Sie sich wirklich Hilfe wünschen, müssen Sie Ihr Problem vollständig Gott und den Engeln übergeben!

3. Auf Gott vertrauen. Wir sollten Gott und den Engeln kein fertiges Drehbuch präsentieren, in dem wir ihnen genau vorschreiben, wie sie eine Situation für uns in Ordnung bringen sollen. Vertrauen Sie stattdessen darauf, dass Gottes unerschöpfliche Weisheit und Kreativität mit einer besseren Lösung aufwarten wird, als Ihr menschlicher Verstand es sich je erträumen könnte. Denken Sie daran: Gott möchte, dass Sie glücklich sind!

4. Gottes Rat befolgen. Wenn Sie das Problem Gott und den Engeln übergeben haben, kann es sein, dass diese Sie bitten, eigene Schritte zu unternehmen, um eine Lösung herbeizuführen. Diese Anweisungen können Ihnen als innere Stimme, Traum oder Vision, als innere Gewissheit oder als ein intuitives Gefühl übermittelt werden. Wenn Sie unsicher sind, aus welcher Quelle die Botschaften stammen, bitten Sie Gott einfach um Bestätigung.

Gott und die Engel werden Ihnen stets nur liebevolle und inspirierende Botschaften senden. Wenn Sie also eine Anweisung erhalten, die Ihnen Angst oder Schmerz verursacht, sollten Sie sie auf keinen Fall befolgen! Doch wenn wir in Herz und Geist Gott nahe bleiben, brauchen wir uns keine Sorgen zu machen, dass so genannte gefallene Engel sich in unsere Angelegenheiten einmischen. Gottes Liebe ist die einzige Macht, die existiert. Die Gedankenformen der Furcht und Dunkelheit sind Illusionen, die uns nur »schaden« können, wenn wir ihnen Macht einräumen. Halten Sie daher, wenn Sie die Engel um Hilfe gebeten haben, Ausschau nach göttlichen Botschaften, die Ihnen den Weg zur Lösung Ihrer Probleme weisen. Diese Anweisungen sind die Antworten auf Ihre Gebete und Sie müssen dann selbst aktiv werden, um Gott dabei zu helfen, Ihnen zu helfen. Manchmal fordern die Anweisungen Sie zum Handeln auf und bitten Sie beispielsweise, einen bestimmten Ort aufzusuchen oder eine bestimmte Person anzurufen. Und manchmal sind sie mehr auf Ihr Inneres gerichtet, auf Herz und Geist. So kann es sein, dass die Engel Sie bitten, sich selbst oder einem anderen Menschen zu vergeben.

Wie immer die Botschaft lauten mag, seien Sie gewiss, dass sie unmittelbar aus der einen heilenden Quelle kommt, die auf alles eine Antwort weiß. Wenn Sie diesen Anweisungen folgen, wird Ihr Problem vollständig gelöst werden, sodass Sie eine völlige Heilung erfahren.

Für die Engel ist kein Problem zu groß oder zu klein. Ob Sie einen Parkplatz suchen, Ihre Rechnungen bezahlen müssen oder sich eine bessere Gesundheit wünschen, die Engel freuen sich stets, Ihnen helfen zu können. Es ist für sie der schönste Lohn, zu Ihrem Glück beizutragen. Wenn Ihr Wunsch also nicht gegen den göttlichen Willen verstößt, werden sie Ihnen zu allem verhelfen, was Ihnen Freude bereitet. Freude ist schließlich Ihr Geburtsrecht und Sie verdienen es, glücklich zu sein!

Andere Menschen heilen

Was ist, wenn Sie möchten, dass die Engel jemand anderen heilen? Beispielsweise möchten Sie gern, dass die Engel einem geliebten Menschen helfen. Oder das Schicksal von Menschen in Not, über die in den Medien berichtet wurde, rührt Ihr Herz.

Es ist immer ein Akt der Liebe, Gott zu bitten, anderen Menschen Engel zu Hilfe zu schicken. Das stellt unter keinen Umständen eine Verletzung des freien Willens der betreffenden Person dar, da sie immer noch selbst entscheiden kann, ob sie auf die Botschaften der Engel hört. Daher ist es eine gute Idee, die Engel zu bitten, anderen Menschen beizustehen. Besonders die Bitte von

Eltern, die sich einen »Engel-Babysitter« für ihr Kind wünschen, erfüllt Gott sehr rasch.

Die Engel widersetzen sich niemals Gottes Willen. Wenn also für einen Menschen seine »Zeit« gekommen ist, werden sie ihm während seiner letzten Tage auf Erden Trost und Freude bringen. Ein wunderbares Gebet, das Sie im Herzen bewahren sollten, lautet: »Dein Wille geschehe.« Damit ersparen Sie sich nutzlose Sorgen und bekräftigen die Gewissheit, dass Gott sich in bester Weise um alle Dinge kümmert.

Erzengel Raphael: Der höchste Heiler unter den Engeln

Bei allen körperlichen Krankheiten und Schmerzen gibt es im Reich der Engel keinen besseren Heiler als den Erzengel Raphael. Dieser Engel, dessen Name bedeutet »Gott heilt«, kann sofortige Linderung des Leidens bewirken. Raphael leuchtet in einer wundervollen smaragdgrünen Heilungsenergie. Oft umhüllt der Erzengel schmerzende Körperpartien mit diesem heilenden Licht. Das Licht wirkt wie ein lindernder Balsam und kann spontane und vollständige Heilungen auslösen.

Wie jeder Bewohner der geistigen Welt kann Raphael gleichzeitig allen Menschen beistehen, die ihn darum bitten. Er ist nicht an die Beschränkungen von Zeit und Raum gebunden. Machen Sie sich also keine Sorgen, dass Sie Raphael von anderen Verpflichtungen abhalten könnten, wenn Sie ihn herbeirufen.

Der heilende Erzengel kommt unverzüglich zu Ihnen, sobald Sie ihn darum bitten. Sie können ihn rufen, indem Sie denken oder laut aussprechen: »*Raphael, bitte hilf mir!*« Auf Ihre Bitte hin wird Raphael auch Familienangehörigen und anderen geliebten Menschen zur Seite stehen.

Raphael ist ein mächtiger Heiler, der wie ein spiritueller Chirurg Angst und Dunkelheit aus Körper und Geist entfernt. Manchmal rufen wir jedoch nach Raphael und behindern ihn dann in seiner Heilungsarbeit. Zum Beispiel geben wir ihm keinen Zugang zu unseren heimlichen Schuldgefühlen, sodass er uns nicht von ihnen befreien kann. Oder wir versuchen ihm zu helfen, indem wir ihm sagen, was er tun soll. Obgleich solches menschliches Tun gut gemeint ist, stören wir damit auf unbeholfene Art Raphaels Wirken. Wenn Sie Raphael um Hilfe gebeten haben, ist es daher am besten, wenn Sie ihm vollen Zugang zu Ihrem Körper, Geist und Herzen gewähren. Auf diese Weise kann er seine gottgegebene Funktion erfüllen und Sie vollständig heilen.

Ob es sich nun um einen entzündeten Nagel oder um eine möglicherweise tödliche Krankheit handelt, zögern Sie nicht, Gott und die Engel um Hilfe zu bitten. Keinesfalls wollen sie, dass wir damit warten, bis wir zutiefst verzweifelt sind oder uns in einer schrecklichen Notlage befinden. In meinem Buch *Das Heilgeheimnis der Engel* schrieben die Engel durch mich:

Bitte Gottes himmlische Heerscharen um Hilfe und Beistand, sobald du dir des Schmerzes in deinem Inneren bewusst wirst. Ein kluger Hausbesitzer verständigt sofort die Feuerwehr, wenn er Rauch riecht, und wartet nicht ab, bis das ganze Haus in Flammen steht. Denn dann ist ein solcher Anruf praktisch sinnlos. Warte also nicht, bis große Angst dich überwältigt hat, bevor du Gottes Namen rufst.

Auch in solch einem Augenblick – wie zu allen Zeiten – wird er dir Trost und Hilfe schicken. Doch wirst du dann möglicherweise seine liebevollen Arme nicht sofort spüren, da die vielen Schichten deiner Angst eine Barriere gegen den Himmel bilden, die erst überwunden werden muss. Klüger ist, wer lernt, stets auf sein Wohlbefinden zu achten, und nicht zögert, jederzeit um himmlischen Beistand und Trost zu bitten.

Daher lerne diese Lektion gut, geliebtes Kind, und vergiss nie, auf dein inneres Wesen zu achten und um Hilfe zu bitten, wann immer du das Bedürfnis danach verspürst. Dann werden deine Ängste nur noch schwache Wellen in deinem Bewusstsein sein, die dir nicht länger deinen Seelenfrieden rauben können.

Die Engel sind hier, um Ihnen bei der Heilung Ihres Lebens zu helfen, und sie möchten, dass Sie diese Hilfe auch in Anspruch nehmen.

1. KAPITEL

Segnungen und Herausforderungen auf dem spirituellen Weg

Was hat Sie dazu veranlasst, sich mit Spiritualität zu befassen? Der Wunsch, mehr über die Wahrheiten des Lebens herauszufinden? Die Suche nach mehr Glück, Erfüllung und Liebe? Eine Tragödie oder ein wunderbarer Zufall, die Sie dazu antrieben, die spirituelle Seite des Daseins zu erforschen? Oder hat das Beispiel eines anderen Menschen, vielleicht eines von Ihnen bewunderten spirituellen Lehrers, Sie neugierig gemacht?

Was immer Sie dazu angeregt haben mag, diesen Weg einzuschlagen, so gibt es dabei doch ein grundlegendes Motiv: der Wunsch nach einem besseren Leben. Ob Sie nun nach Erleuchtung, Antworten, neuen Fertigkeiten oder innerem Frieden suchen, in jedem Fall glauben Sie, die Spiritualität habe Ihnen etwas Positives zu bieten.

Glück ist heilig

Manche meiner Klienten wurden in religiösen Traditionen erzogen, die Leiden als tugendhaft hinstellen. In diesen Glaubenssystemen wird jeder Art von Märtyrertum großer Beifall gezollt. Auf solchem Boden gedeihen Schuldgefühle, Ängste und Verbitterung. Wenn solche Menschen dann auf einen spirituellen Weg stoßen, der ihnen Glück und Fülle verspricht, werden sie nervös. *Sind denn Glück und Fülle wirklich »richtige« Ziele?*, fragen sie sich insgeheim.

Wer mit der christlichen Ideologie aufwächst, erfährt, dass Jesus sagte, leichter gehe ein Kamel durch ein Nadelöhr, als dass ein Reicher in den Himmel komme. Doch an anderer Stelle betont er, dass wir nur anzuklopfen brauchen und die Türen werden sich für uns öffnen. Wiederholt fordert er uns auf, daran zu glauben, dass alle unsere materiellen Bedürfnisse erfüllt werden.

Die meisten spirituellen Sucher sind sich bewusst, dass Jesus nicht sagen wollte, Geld an sich sei schlecht. Stattdessen meinte er, dass die *besessene Fixierung* auf Geld unserem Glück in diesem Leben und im Jenseits im Weg steht. Doch Geldbesessenheit hat zwei Gesichter: Jene, die sich chronisch darum sorgen, ob sie genug haben, um ihre Rechnungen bezahlen zu können, sind aus spiritueller Sicht mit jenen identisch, die in obsessiver Weise ihr Geld horten. Beide Formen der Geldbesessenheit resultieren aus der Angst, nicht genug zum Leben zu haben. Und diese zugrunde liegende Angst beraubt uns unseres Glücks.

Wenn wir glauben, Leiden und Mangel seien normal oder sie seien Prüfungen, die uns von Gott auferlegt werden, akzeptieren wir Schmerz als unvermeidbaren Bestandteil des Lebens. Glauben wir dagegen, dass Gott unbegrenzte Fülle und Liebe ist und dass er uns nach seinem Ebenbild geschaffen hat, folgt daraus, dass er unmöglich Schmerzen oder Einschränkungen für uns wollen kann.

Aufgrund meiner langen Diskussionen mit Gott, den

Engeln und Jesus bin ich zu der Überzeugung gelangt, dass Gott in keiner Weise will, dass wir leiden. Wie ein liebevoller Vater oder eine liebende Mutter wünscht Gott uns ein glückliches, friedvolles und sicheres Leben. Gott möchte, dass wir unsere Zeit und Energie darauf verwenden, anderen zu helfen, und dazu unsere naturgegebenen Talente und Interessen einsetzen. Wenn wir anderen helfen, versorgt er uns mit genug Zeit, Geld, Intelligenz, Kreativität und allem, was wir sonst noch brauchen. Gott weiß, dass wir nur Zeit und Energie verschwenden, die anders besser genutzt werden könnten, wenn wir uns ständig Sorgen machen, ob wir auch ausreichend versorgt sind.

Daher möchten Gott und die Engel uns wirklich helfen! Es gilt jedoch das Gesetz des freien Willens. Sie dürfen uns also nur helfen, wenn wir sie darum bitten. In diesem Buch werde ich Ihnen zeigen, welche wunderbaren Erfahrungen jene machen können, die den Mut haben, Gott und die Engel wirklich um Hilfe zu bitten.

Die Engel und die Jahrtausendwende

In dieser Phase der Menschheitsgeschichte zu leben ist ein großes Glück, auch wenn das Leben natürlich zu allen Zeiten ein wunderbares Geschenk ist.

Die Engel haben mich gelehrt, dass sich mehr Seelen ein Leben auf der Erde wünschen, als es hier Körper gibt, die sie aufnehmen könnten. Die Seelen stehen tatsächlich Schlange und können es kaum erwarten, in göttlicher Mission zur Erde geschickt zu werden. Die Tatsache, dass Sie hier sind, in einem menschlichen Körper, bedeutet, dass Sie ein Gewinner sind, ein echter Glückspilz. Gott hat Sie auserwählt, hierher zu kommen, weil er weiß, dass Sie über viele Gaben und Talente verfügen, die für andere Erdenkinder von großem Nutzen sind.

Die Engel haben folgende Botschaft an Sie:

Du bist, wie jeder andere Mensch, der gegenwärtig inkarniert ist, ein heiliges und vollkommenes Kind Gottes. Uns ist durchaus bewusst, dass du dich nicht immer vollkommen und heilig fühlst und dass du dich oft auch nicht so verhältst. Nichtsdestoweniger hat Gott deine Seele ganz »aus seinem eigenen Holz geschnitzt«. Die göttliche Essenz, das göttliche Licht, ist in dir enthalten und kann niemals entfernt, beschmutzt oder geraubt werden. Dieses göttliche Erbe ist für immer dein. Nichts, was du tust, vermag es auszulöschen.

Es ist deshalb so gut, in der jetzigen Zeit zu leben, weil wir uns dem Ende einer Epoche nähern, in dem die Menschen sich wie aggressive Tiere verhalten haben, denen es an jeglicher spirituellen Einsicht fehlt. Wir stehen am Beginn einer neuen Zeit, in der wir alle gemeinsam unsere spirituellen Gaben der Intuition und Heilung wieder entdecken werden. Wenn die Intuition erst einmal als alltägliche menschliche Fähigkeit akzeptiert ist, wird die Welt sich drastisch verändern!

Denken Sie einmal einen Moment lang darüber nach, wie eine Welt aussähe, die von Menschen mit hoch entwickelter Intuition bevölkert ist. Je mehr wir akzeptieren, dass die Intuition eine uns allen angeborene Fähigkeit ist, desto mehr werden wir unsere inneren Kanäle für die göttliche und mediale Kommunikation öffnen. An führenden Universitäten wie Princeton und Cornell sowie an den Universitäten von Nevada und Ohio wurden wissenschaftliche Studien durchgeführt, die belegen, dass jeder Mensch über das Potenzial verfügt, telepathische Botschaften auszusenden und zu empfangen. Ich spreche bewusst von einem Potenzial, denn wie jede Gabe müssen wir auch diese erst entdecken und trainieren, ehe wir sie mit Erfolg einsetzen können.

Viele Menschen entwickeln heute ihre intuitiven Fähigkeiten und öffnen sich für die göttliche Führung. Es erstaunt mich immer wieder, wie viele erfolgreiche Führungspersönlichkeiten heutzutage meine Praxis aufsuchen und um ein Engel-Reading bitten. Das sind Menschen, die noch vor drei oder vier Jahren jeden Gedanken an ein Leben nach dem Tod, an Gott oder spirituelle Fragen als reine Zeitverschwendung betrachtet hätten. Doch jetzt, dank des spirituellen Wiedererwachens, das sich gegenwärtig vollzieht, blickt das kollektive Bewusstsein himmelwärts.

Wie würde unsere Welt aussehen, wenn wir alle unsere natürliche intuitive Bewusstheit wieder gewinnen? Niemand wäre mehr in der Lage, andere zu belügen (selbst »kleine Notlügen« würden der Vergangenheit angehören). Das zöge grundlegende Veränderungen unseres Rechtswesens, des Bildungssystems und der Politik nach sich. Auch bräuchten wir dann keine technischen Hilfsmittel mehr, um über große Distanzen miteinander zu kommunizieren.

Ich bin der Ansicht, dass für viele von uns die Lebensaufgabe darin besteht, die Menschheit über ihr wahres spirituelles Erbe aufzuklären. Ich glaube, dass viele Menschen immer noch schlafen und ihre innere Göttlichkeit erst entdecken müssen! Sie glauben, sie seien lediglich Körper, die wie hilflose Korken auf dem Fluss des Lebens treiben. Gott und die Engel jedoch wissen, dass dem nicht so ist. Sie wissen, dass wir selbst unsere Realität erschaffen, und zwar durch unsere bewussten Entscheidungen und Absichten.

»Eure Absichten erschaffen eure Erfahrungen«, lautet ein Lieblingssatz der Engel. Damit meinen sie, dass die Erwartungen, die wir tief in Herz und Verstand hegen, das Drehbuch des Films bestimmen, in dem wir die Hauptrolle spielen und den wir »Leben« nennen. Wenn Sie sich

vor jeder Situation, in die Sie sich hineinbegeben, die Frage stellen: »Was erwarte ich hierbei wirklich?«, werden Sie zu einem der besten Hellseher der Welt werden, denn Ihre Erwartungen bestimmen, was Ihnen widerfährt.

Der Verfeinerungsprozess

Wenn wir uns mit spirituellen Themen beschäftigen, verändern sich dadurch unsere Vorlieben und unser Geschmack. Wir verspüren kein Verlangen mehr nach bewusstseinsverändernden Substanzen, wir fühlen uns von Gewaltdarstellungen in den Medien abgestoßen und wir ziehen andere Freunde und Partner an. Den Engeln zufolge ist dies Ausdruck unserer »veränderten Schwingung«. Wie sie sagen, verfügt jeder Mensch über ein Schwingungsmuster, das für sie sichtbar ist, ganz ähnlich wie wir die Funktionen einer Maschine oder die Hirnwellen eines Menschen technisch auf einem Monitor sichtbar machen können.

Die Engel sagen, dass unsere Schwingungsfrequenz von unseren Gedanken und Gefühlen abhängt. Menschen, deren Denken zwanghaft um Sorgen und Ärger kreist, schwingen auf einer langsameren Frequenz, während Menschen, die regelmäßig beten und meditieren, höhere Frequenzen aufweisen. Wenn unsere Frequenz sich erhöht, fühlen wir uns automatisch zu Situationen, Menschen, Nahrungsmitteln und Energien hingezogen, die ebenfalls auf dieser höheren Frequenz schwingen. Gleichzeitig verlieren bestimmte Aktivitäten und Leute, die zuvor einen starken Reiz auf uns ausübten, ihre Anziehungskraft.

Schwingungen, die mit Themen des Ego in Zusammenhang stehen, sind extrem niedrig. Dazu zählen Wut, Gewalt, Mangeldenken (der Glaube, es sei nie genug für alle da), Opfermentalität (der Glaube, dass andere Menschen über Ihr Leben bestimmen oder schuld an Ihrem Unglück sind), Konkurrenzdenken, Unehrlichkeit und Eifersucht. Hohe Schwingungen gehen einher mit spirituellen Aktivitäten und Einstellungen, wie Meditation, Gebet, Hingabe, selbstloser Dienst an anderen, ehrenamtliches Engagement, Heilungsarbeit und liebevolles Verhalten.

Die Engel empfehlen uns, unsere Schwingungsfrequenz anzuheben, indem wir Situationen meiden, in denen niedrige Schwingungen vorherrschen. Insbesondere warnen sie uns eindringlich davor, Rundfunk- und Fernsehsendungen oder Zeitungsartikel zu konsumieren, die Negativität verbreiten.

Hier folgen Auszüge aus zwei Therapiesitzungen, bei denen die Engel meine Klientinnen aufforderten, solche negativen Einflüsse zu meiden:

DOREEN: Hier ist eine Botschaft von Ihren Engeln. Sie sagen, dass es nicht gut für Sie ist, wenn Sie Nachrichten hören oder die Zeitung lesen. Dadurch wird Ihre Energie negativ beeinflusst und es fällt Ihnen schwerer, Ihre Ziele zu erreichen. Diese Warnung sollten Sie unbedingt ernst nehmen, sagen die Engel.

BARBARA: Das leuchtet mir ein. Ich höre sehr oft die Radionachrichten und rege mich darüber auf. Es ist wohl besser, wenn ich das reduziere.

Bei einer anderen Sitzung erklärten die Engel einer Klientin, dass ihr Selbstwertgefühl durch die negativen Botschaften und Bilder von billigen Fernsehserien beeinträchtigt werde:

MICHELLE: Manchmal fühle ich mich wie eine völlige Versagerin, nicht nur mir selbst, sondern auch meinem Mann und meiner Tochter gegenüber. Habe ich etwas falsch gemacht oder versäumt? Ich liebe meine Familie sehr und würde alles für sie tun, aber das Verhältnis zu meinem Mann ist nicht mehr wie früher (glaube ich). Etwas fehlt. Wie kann ich – wie können wir – es zurückgewinnen?

DOREEN: Sie haben nichts falsch gemacht, aber die Engel zeigen mir, dass bestimmte negative Einflüsse in den Medien Ihnen schaden, weil sie Ihr Denken und demnach auch Ihre Lebenssituation beeinträchtigen. Schauen Sie viel fern?

[Michelle bestätigt, dass dies der Fall ist.]

Offenbar absorbieren Sie Negativität aus Fernsehfilmen. Versuchen Sie einmal, eine Woche ohne Fernsehen auszukommen, und prüfen Sie, ob das eine Veränderung bewirkt.

Michelle befolgte den Rat ihrer Engel und stellte fest, dass sie nach nur einer Woche Fernsehentzug aufhörte, ständig »Katastrophenszenarien« vor ihrem inneren Auge ablaufen zu lassen und in allen Lebensbereichen mit dem Schlimmsten zu rechnen. Sie befreite sich von der Angewohnheit, ihr Leben durch eine negative Linse zu betrachten, was sie dazu befähigte, auch die sanften und schönen Seiten ihres Familienlebens wieder wahrzunehmen.

Die Frequenz verändern

Die Engel sind hier, um uns in jeder Hinsicht bei unserer Heilung zu helfen, von Bereichen, die eher unbedeutend und alltäglich erscheinen, bis hin zu drängenden und spirituell bedeutsamen Problemen. Eine besonders wichtige Aufgabe der Engel besteht darin, uns dabei zu helfen, unsere Schwingungsfrequenz auf das höchstmögliche Niveau anzuheben. Aus zwei Gründen möchten sie, dass wir unsere Schwingungen anheben: Zum einen geht es dabei um einen »Aufstieg«. Wir alle sind unterwegs zu der Erkenntnis, dass wir eins sind mit Gott. Wenn wir diese Erkenntnis wirklich spüren und leben, befinden wir uns in einem Zustand des Aufstiegs.

Solches Wissen verändert tief greifend unseren gesamten Austausch mit anderen Menschen. Denken Sie einmal darüber nach, wie Ihr Leben aussähe, wenn Sie sich jederzeit bewusst wären, dass jeder Mensch, mit dem Sie sprechen, ein Aspekt Ihres eigenen göttlichen Selbst ist. Sie würden vollkommene Liebe für alle diese Individuen und für sich selbst empfinden. Das Leben wäre für Sie wie der Himmel auf Erden.

Der zweite Grund, warum uns die Engel zu einer Anhebung unserer Schwingungen raten, besteht darin, dass wir uns dann besser an die zu erwartenden Veränderungen der materiellen Welt anpassen können. Im neuen Jahrtausend ist mit deutlichen positiven Veränderungen im Bereich von Bildung, Verwaltung, Politik, Justiz und Telekommunikation zu rechnen. Unsere Essgewohnheiten werden sich drastisch verändern und unsere Lebenserwartung wird enorm ansteigen.

Je höher unsere Frequenz, desto leichter wird es uns fallen, uns auf diesen Wandel einzustellen. Wir werden bevorstehende Veränderungen der Erde intuitiv spüren, ähnlich wie Tiere Erdbeben und Stürme vorausahnen können. Mit unseren auf höherer Frequenz schwingenden Körpern werden wir in der Lage sein, zu teleportieren, zu dematerialisieren und Ereignisse heil zu überstehen, die einen dichteren Körper mit niedrigerer Frequenz schwer traumatisieren würden. Und wir werden in der Lage sein, Nahrungsmittel und andere benötigte materielle Dinge einfach mittels Geisteskraft zu materialisieren.

Daher möchten die Engel Ihnen die Anpassung an eine sich verändernde Welt erleichtern, indem sie Ihnen Energie und Führung anbieten, durch die Sie Ihre Schwingungsfrequenz anheben können. Dies geschieht durch Zeichen und Signale, göttliche Führung und durch direktes Eingreifen in Ihr Leben und Ihren Körper. Auf diese Weise helfen die Engel Ihnen, geistigen Frieden zu erlangen und zu bewahren. Frieden ist eines unserer wichtigsten Lebensziele. Unsere Engel singen vor Freude, wenn sie sehen, dass wir uns friedvoll und glücklich fühlen.

*

Im nächsten Kapitel werden wir darauf eingehen, auf welche Weise die Engel unsere Liebesbeziehungen positiv beeinflussen können.

2. KAPITEL

Himmlische Hilfe für Ihr Liebesleben

Die Engel können uns bei der Heilung unserer Partnerschaftsprobleme helfen, wenn wir sie darum bitten. Wenden Sie sich innerlich an Ihren eigenen Schutzengel oder an den Engel Ihres Partners oder Ihrer Partnerin. Dann können wahre Wunder geschehen!

Eine neue Liebe finden

Eine Frau namens Elisabeth bat ihre Engel, ihr bei der Suche nach ihrem Traumpartner zu helfen. Sofort machten sich die Engel an die Arbeit und betätigten sich als himmlische Heiratsvermittler. Elisabeth erzählte mir folgende Geschichte, wie die Engel ihr bei der Heilung ihres Liebeslebens halfen:

»Über Engel hatte ich mir nie viele Gedanken gemacht, doch eines Tages hörte ich, wie Sie in einer Radiosendung erwähnten, dass man die Engel um Hilfe bitten muss. Also beschloss ich, einfach einen Versuch zu machen. Ich bat sie, mir zu einem passenden Ehemann zu verhelfen. Es dauerte weniger als eine Woche, da lernte ich einen wunderbaren Mann kennen. Es funkte sofort zwischen uns. Ich glaube, er und ich waren füreinander bestimmt. Es ist unglaublich, wie viel uns miteinan-

der verbindet. Seither sehe ich die Engel in völlig neuem Licht. Ich bitte sie jetzt viel öfter um Hilfe.«

Sich gegenseitig vergeben

Die Engel helfen auch in bestehenden Beziehungen die Liebesbande zwischen den Partnern zu festigen.

Barbara nahm an einem meiner Seminare über spirituelle Beratung teil. Sie besaß eine hervorragende Begabung für Engel-Readings und legte während des Seminars großes Interesse und Arbeitseifer an den Tag. Sie wollte wirklich so viel wie möglich über Spiritualität und Heilung herausfinden. Während einer Seminarstunde gab ich Engel-Readings für mehrere Teilnehmer, darunter auch Barbara.

Ihre Frage galt dem Umstand, dass sie und ihr Mann John in letzter Zeit häufig stritten. Sie fragte, ob die Engel zur Scheidung rieten oder ob sie die Ehe fortsetzen sollte. Durch mich übermittelten ihr die Engel folgende Antwort: *»Die Bestimmung deiner Ehe hat sich erfüllt. Es steht euch nun frei, ob ihr weiter zusammenbleiben oder getrennte Wege gehen wollt. Die Wahl liegt ganz bei euch.«*

Barbara entschied sich dafür, die Ehe mit John fortzusetzen. Daher bat sie im Gebet um spirituelle Hilfe. Ich bat Barbara zu berichten, was geschah, nachdem sie ihre Ehe ganz in die Hände Gottes und der Engel gelegt hatte:

»Mein Mann und ich schlugen uns seit etwa einem Jahr mit Eheproblemen herum. An dem Sonntagnachmittag, nachdem ich im Anschluss an Doreens Engel-Reading meine Ehe ganz Gott überantwortet hatte, erlebte mein Mann eine tiefe spirituelle Krise. Seit vielen Monaten herrschten zwischen uns Groll und Bitterkeit. Nach einem neuerlichen Wutausbruch fragte mich John, ob wir miteinander reden könnten. Ich wusste, dass die Engel mich beschützten, denn ich hatte sie darum gebeten. Daher war ich sehr ruhig.

John sagte, er wisse nicht, wo Gott in unserer turbulenten Ehe gegenwärtig sei. Ich erinnerte ihn, dass Gott nur durch uns wirken kann, wenn wir uns für ihn öffnen. Da flehte John weinend zu Gott um Hilfe. Die Engel drängten mich und sagten: ›Okay, Barbara, du weißt, was du zu tun hast! Es ist Zeit, deinen Worten Taten folgen zu lassen!‹ Ich führte ihn durch die Visualisierung zur Vergebung. [Diese äußerst wirkungsvolle Heilungsübung finden Sie im Anhang dieses Buches.]

Ich erläuterte John die Funktionsweise des Ego und erklärte ihm, dass lediglich unsere Egos miteinander stritten – nicht unser wahres Selbst. Bis in die frühen Morgenstunden sprachen wir über Gott und unsere spirituellen Vorstellungen. Das führte zu einem tief greifenden Wandel in unserer Beziehung. Ich nahm mir am nächsten Tag frei, um zu Hause bei John bleiben zu können. Wir setzten unsere klärenden Gespräche fort und machten uns gemeinsam daran, unsere Beziehung neu aufzubauen. Das Ganze war eine unglaublich schöne Erfahrung. Gemeinsam fassten wir den Entschluss, unsere Liebe zu erneuern.

Am folgenden Tag, einem Samstag, herrschte wunderbares Wetter. John und ich machten eine weitere Übung aus Doreens Trainingsprogramm für spirituelle Berater [»Übung zur Vergebung und Selbstbefreiung«, ebenfalls im Anhang dieses Buches abgedruckt]. *Wir fuhren dazu zu einem unserer Lieblingsplätze draußen in der Natur, an einem Bach mit einem kleinen Wasserfall, sodass man das Wasser rauschen hören kann.*

Wir saßen Seite an Seite und schrieben beide schweigend unsere Vergebungsliste auf. Als ich mit meiner Liste fertig war, ging ich zum Wasser, um den Teil der Übung durchzuführen, in dem es um Befreiung und Loslassen geht. Johns und mein Name standen als Letzte auf meiner Liste. Ich vergab mir selbst dort unten am Wasser und allen anderen auf der Liste, beschloss aber, John persönlich zu vergeben, wenn wir uns nachher wieder gegenübersaßen.

Ehe ich vom Bachufer hinauf zu der Stelle ging, wo John saß, sah ich neben mir einen kleinen blauvioletten Schmetterling flattern. John erzählte mir später, als er die Namen der Menschen auf seiner Vergebungsliste laut aussprach, habe er sich vorgestellt, jeden von ihnen als kleinen Schmetterling in der Hand zu halten, den er dann davonfliegen ließ. Nachdem wir einander vollständig vergeben hatten, genossen wir gemeinsam die Schönheit der Natur rings um uns. Beide fühlten wir uns so leicht und frei!

Die Liebe, die wir gegenwärtig füreinander und für uns selbst empfinden, ist anders als alles, was wir in unserer Beziehung früher empfanden! Es ist, als hätten wir beide, wie John es ausdrückt, eine spirituelle, emotionale und mentale Generalüberholung hinter uns.

Ich bin überzeugt, dass Johns Unfähigkeit, sich selbst zu vergeben, die Ursache für seine Depressionen war. Jetzt, nachdem er sich endlich vergeben konnte, hebt sich der Schleier der Depression. Auch mein Groll und meine Verbitterung ihm gegenüber haben sich aufgelöst. Dank des gemeinsamen Vergebungsprozesses sehen wir uns nun in völlig neuem Licht. Es erstaunt mich, wie wir es zulassen konnten, dass unsere inneren Flammen so schwach und klein wurden. Jetzt brennen unsere Flammen wieder hell und stark.«

Zukünftige Wahrscheinlichkeiten

Die Engel sagen nur sehr selten, dass unsere Zukunft unverrückbar feststeht. Stattdessen sprechen sie von Wahrscheinlichkeiten, die von unserem gegenwärtigen Denken abhängen. Wenn die Denkmuster meiner Klienten sich positiv oder negativ verändern, ändert sich damit auch ihre Zukunft. Das brachten die Engel auch gegenüber meinem Klienten Kevin zum Ausdruck, als er von seinen Sorgen um den Fortbestand seiner Ehe berichtete:

KEVIN: Mein Sohn zieht jetzt bald von zu Hause aus – wohl hauptsächlich, weil die Situation dort so unerfreulich geworden ist. Ich mache ihm deshalb keinen Vorwurf. Oft streiten meine Frau und ich heftig. Wird es meinem Sohn nach seinem Auszug gut gehen? Und was wird aus meiner Ehe? Wird es schlimmer oder besser? Werden meine Frau und ich zusammenbleiben oder werden wir getrennte Wege gehen?

DOREEN: Die Engel sagen, dass in Ihrem Leben momentan einige größere Veränderungen stattfinden. Sie sind dankbar dafür, dass Sie über Ihre innere Welt nachdenken und in vielen Lebensbereichen selbst die Verantwortung übernehmen. Die Engel raten Ihnen aber, sich nicht mit Selbstvorwürfen zu quälen. Machen Sie einfach eine Bestandsaufnahme und orientieren Sie sich neu.

Der Fortbestand Ihrer Ehe ist gegenwärtig offen. Es steht durchaus in Ihrer Macht, die Ehe zu retten und sie in glückliche Bahnen zu lenken. Dazu sind Glauben und Vertrauen erforderlich und eine liebevolle, positive Sicht der Dinge. Um diese positive Sicht aufrechtzuerhalten, werden Sie möglicherweise Hilfe von außen benötigen, einen psychologischen Berater, einen spirituellen Gesprächskreis oder einen guten Freund, bei dem Sie sich aussprechen können.

Niemand gibt Ihnen die Schuld an dem, was geschieht, auch wenn Sie das innerlich erwarten. Eine solche negative Erwartungshaltung kann jedoch früher oder später zu einer sich selbst erfüllenden Prophezeiung werden. Die Engel hoffen sehr, dass Sie sich dafür entscheiden, das Wunder der Heilung zu erleben, und dass Sie sie dabei um Hilfe bitten. Und ich werde Sie in meine Gebete einschließen.

Liebe stirbt nicht

Am folgenden Fallbeispiel sieht man, dass eine gute Ehe wirklich für die Ewigkeit geschlossen wird, selbst wenn einer der Partner stirbt. Oft betätigt sich der verstorbene Partner sogar als Ehevermittler für den noch lebenden:

ANNETTE: Ich treffe mich zurzeit häufig mit einem Mann, der seine Frau verloren hat, und habe ein Gefühl, als würde ich übermittelt bekommen, dass meine Beziehung zu ihm gut und richtig ist. Könnte es sich dabei um die Botschaft eines Engels oder sogar seiner verstorbenen Frau handeln? Ich spüre, dass es eine sehr tröstliche, ermutigende Botschaft ist.

DOREEN: Ja, Sie sind wirklich sehr intuitiv! Seine Frau möchte Sie zu dieser Liebesbeziehung ermutigen, weil sie spürt, welch positive Wirkung das auf ihn hat. Sie ist über jegliches Eifersuchtsgefühl erhaben und möchte einfach nur, dass die Liebe – das Einzige, was wirklich zählt – in Ihnen und ihrem früheren Mann hell erstrahlt.

Meinen Glückwunsch, dass Sie eine so wundervolle Liebesbeziehung aufgebaut haben und so gut mit Ihrer Intuition in Kontakt sind!

Der Handy-Engel

Stets betonen die Engel, wie wichtig eine aufrichtige und klare Kommunikation für unsere Liebesbeziehungen ist. Eine Therapeutin, die eines meiner Engeltherapie-Seminare besuchte, berichtete von dem folgenden Fall, bei dem ein Engel einem Paar half, klar und ungehindert miteinander zu kommunizieren:

»Meine Klientin hatte mehrmals vergeblich versucht, ihren Freund über Handy zu erreichen. Sie war darüber sehr frustriert, denn sie musste ihn dringend sprechen. Also schlug ich vor: ›Warum bitten Sie nicht Ihren Schutzengel um Hilfe?‹ Das tat sie und im nächsten Augenblick kam eine völlig klare und störungsfreie Verbindung zustande, sodass sie ungehindert mit ihrem Freund sprechen konnte! Nachher sagte sie zu mir, sie wäre nie auf die Idee gekommen, ihre Engel bei solch alltäglichen Problemen um Hilfe zu bitten.«

Engelgebete für Ihr Liebesleben

Nachfolgend finden Sie zwei Vorschläge für Gebete, die Sie anwenden können, wenn Sie mit den Engeln an der Heilung Ihres Liebeslebens arbeiten möchten. Selbstverständlich können Sie diese Gebete an Ihre persönlichen Bedürfnisse anpassen und entsprechend umformulieren. Sie können die Gebete laut sprechen, innerlich aufsagen oder schriftlich formulieren, denn Gott und die Engel können alle Ihre Gedanken, Gefühle und Absichten wahrnehmen. Das Gebet ist eine sehr wirkungsvolle Methode, Kontakt zum Himmel herzustellen und Heilung herbeizuführen.

Gebet um einen Seelengefährten

Lieber Gott,
ich bitte darum, dass du und die Liebesengel mir helfen, meinen Seelengefährten zu finden und mit ihm eine wundervolle Liebesbeziehung aufzubauen. Bitte übermittelt mir klare Hinweise, wie ich ihn finden kann, und helft, dass wir uns so bald wie möglich begegnen und uns gegenseitig Freude schenken können. Ich bitte um eure Hilfe dabei, Umstände zu erschaffen, die für ein rasches Zustandekommen dieser erfüllten Liebe sorgen. Bitte helft mir, alle geistigen, körperlichen und gefühlsmäßigen Blockaden zu heilen und aufzulösen, die dazu führen, dass ich Angst vor einer großen Liebe habe. Bitte helft mir, die göttliche Führung zu hören und zu befolgen, die mich zu diesem Seelengefährten führt. Ich weiß, dass mein Seelengefährte mich ebenso leidenschaftlich sucht wie ich ihn. Wir beide bitten darum, dass ihr uns jetzt zusammenbringt und uns helft, die Segnungen wahrer Liebe dankbar anzunehmen. Danke.

Gebet, um eine bestehende Liebesbeziehung zu heilen

Lieber Gott,
ich bitte dich und die Engel, mir bei der Heilung meines Liebeslebens zu helfen. Ich bin bereit, mich von jedem Groll gegen mich selbst oder meinen Partner (meine Partnerin) zu lösen und vollständig zu vergeben, und ich bitte die Engel, jetzt alle Wut und Verbitterung von mir abzuwaschen. Bitte helft meinem Partner (meiner Partnerin) und mir dabei, dass wir einander ausschließlich im Licht der Liebe sehen. Ich bitte darum, dass alle negativen Auswirkungen unserer Fehler ungeschehen gemacht werden, jetzt und für alle Zeit. Bitte arbeitet mit mir und meinem Partner (meiner Partnerin), sodass wir Harmonie, Freundschaft, Respekt, Aufrichtigkeit und große Liebe erfahren und miteinander teilen können. Bitte erneuert jetzt unsere Liebe. Danke.

*

Die Liebe wohnt bereits in jedem von uns, sodass wir keinen anderen Menschen in unserem Leben benötigen, um uns geliebt zu fühlen. Doch es ist zutiefst befriedigend und beglückend, wenn zwei Menschen sich in Liebe verbinden. Darum sind die Engel so daran interessiert, uns zu einer glücklichen Beziehung mit unserem Seelengefährten zu verhelfen. Sie möchten uns auch in unseren anderen zwischenmenschlichen Beziehungen helfen, etwa im Umgang mit unseren Freunden und in unserem Familienleben. Darüber erfahren Sie im folgenden Kapitel mehr.

3. KAPITEL

Himmlischer Segen für Ihre Familie

So wie die Engel uns in unseren Liebesbeziehungen helfen, können sie auch unser Verhältnis zu unseren Kindern und anderen nahen Angehörigen harmonisieren.

Die Engel und die neuen Kinder des Lichts

Den Engeln zufolge leben heute Menschen von ganz neuer Art mitten unter uns. Sie verfügen über außerordentliche mediale Fähigkeiten, große Willenskraft und eine starke Imaginationsgabe und sie sind hier, um ein neues Zeitalter des Friedens herbeizuführen. Diese starken und intuitiven Menschen ertragen keine Unaufrichtigkeit und wissen mit sinnlosen Diskussionen oder leerem Gerede nichts anzufangen. Schließlich haben sich ihre Seelen zu diesem Zeitpunkt auf der Erde inkarniert, um andere zu lehren, wie wichtig es ist, aufrichtig zu sein und in Harmonie zu leben.

Wer sind diese geheimnisvollen Menschen? Oft werden sie »Kinder des Lichts« genannt, »Jahrtausendkinder« oder »Indigokinder«. Es handelt sich um Menschen, die in den Achtziger- und Neunzigerjahren zur Welt kamen, sodass sie bis zum Jahr 2012 erwachsen sind, dem prophezeiten Beginn des neuen Zeitalters. Lee Carroll und Jan Tober haben zu diesem Thema das Buch *Die Indigo-Kinder** veröffentlicht, das auch einen von mir verfassten Beitrag enthält.

Das Problem besteht darin, dass diese Kinder in der Endphase der alten Energie aufwachsen, in der die Menschen einander immer noch anlügen, immer noch miteinander konkurrieren, weil sie an eine Knappheit der Ressourcen glauben, und immer noch sinnlosen Aktivitäten nachgehen. Da es diesen Kindern schwer fällt, mit solchen Überbleibseln unserer in Auflösung befindlichen Zivilisation umzugehen, die schon bald der Vergangenheit angehören werden, fühlen sie sich oft schutzlos und verletzlich.

Nehmen wir als Beispiel den neunjährigen Bobby. Als er kleiner war, sah er Engel und kommunizierte klar und deutlich mit ihnen. Oft sieht er die Zukunft voraus und er macht gegenüber Freunden und Familienmitgliedern Vorhersagen, die sich als richtig erweisen. Bobby nimmt kein Blatt vor den Mund, und wenn er das Gefühl hat, dass eine Ungerechtigkeit geschieht, spricht er das offen an.

In der Schule fällt es Bobby schwer, mit Aktivitäten zurechtzukommen, die er als sinnlos empfindet. Tief in seiner Seele weiß er, dass das heutige Erziehungssystem schon bald durch eines ersetzt wird, das viel besser auf die Alltagsbedürfnisse der Menschen abgestimmt ist. Doch noch lebt er im Zeitalter des *heutigen* Bildungssystems und muss einen Weg finden, sich darin zu behaupten. Glücklicherweise ergeht es vielen seiner Altersgenossen ebenso, da auch sie Kinder des Lichts sind. So fühlt sich Bobby wenigstens nicht völlig allein.

---

* Lee Carroll, Jan Tober: *Die Indigo-Kinder.* Koha-Verlag.

Intuitiv weiß Bobby, dass in diesem Leben eine große Bestimmung auf ihn wartet. Er spürt, dass er vielen Menschen helfen wird, weiß aber noch nicht genau, auf welche Weise. Momentan weiß er nur, dass seine Seele nachts im Schlaf zu einer weit entfernten Schule reist, wo man ihn in Dingen unterrichtet, die ihn wirklich interessieren und die ihm sinnvoll erscheinen – beispielsweise über die geometrische Natur der Materie, die universalen Gesetze von Ursache und Wirkung und die mögliche Zukunft der Erde und der Menschheit.

Im Vergleich dazu erscheint es ihm unwichtig, sich mit Geschichtsdaten und Grammatik herumzuschlagen. Das langweilt ihn, sodass er unkonzentriert ist und gedanklich abschweift. Schließlich schickt Bobbys Lehrer ihn zum Schulpsychologen, der ihn an einen Kinderarzt überweist. Der ist in solchen Fällen schnell mit einer Diagnose bei der Hand: Aufmerksamkeitsdefizitsyndrom (ADS). Der Arzt verschreibt Ritalin, das Bobbys Mutter auf der Fahrt nach Hause rasch in der Apotheke besorgt.

Tatsächlich fühlt sich Bobby besser, wenn er Ritalin nimmt. Mit dem Medikament scheint für ihn alles einfacher zu werden. Bobby regt sich dann weniger darüber auf, dass seine Hausaufgaben unwichtig für seine Lebensaufgabe sind. Ritalin bewirkt, dass Bobby das Interesse an vielen Dingen verliert – zum Beispiel daran, mit Engeln zu kommunzieren oder sich nachts auf Seelenreise zu begeben. Dank der Diagnose und dem entsprechenden Medikament ist Bobby jetzt einfach ein normaler Mensch, der sich nicht mehr an seine Lebensaufgabe erinnert.

Auf Integrität kommt es an

Die Engel sagen, die Jahre kurz nach der Jahrtausendwende seien vor allem dazu bestimmt, dass wir lernen,

Integrität zu entwickeln. Mit anderen Worten, unsere momentane kollektive Aufgabe besteht darin, uns selbst gegenüber aufrichtig zu sein. Und gleichermaßen geht es darum, auch anderen gegenüber aufrichtig zu sein, vor allem zu unseren Kindern.

Vor etwa zehn Jahren warnten Psychologen die Eltern davor, Elternschaft mit Freundschaft zu verwechseln. Sie schärften ihnen ein, nie die Elternrolle aufzugeben und mit den Kindern keine Gespräche auf gleicher Ebene zu führen (um zu vermeiden, dass die Kinder mit Informationen konfrontiert werden, die sie überfordern könnten).

Doch die Kinder des neuen Jahrtausends benötigen emotionale und kommunikative Nähe. Wenn man ihnen mit Aufrichtigkeit begegnet, blühen sie auf. Wenn ein Kind des Lichts spürt, dass etwas nicht stimmt, beispielsweise in der Ehe seiner Eltern, wirkt es sich sehr schädlich aus, wenn die Eltern versuchen, ihre Probleme vor dem Kind zu verbergen. Viel gesünder ist es, wenn sie (in einer Sprache, die für das Kind verständlich ist) offen über die Situation sprechen, statt dem Kind den Eindruck zu vermitteln, es sei verrückt, weil seine gefühlsmäßigen Eindrücke nicht mit dem übereinstimmen, was die Eltern sagen.

Die Engel treten sehr nachdrücklich für die Interessen dieser Kinder ein, nicht zuletzt um sie zu beschützen. Engel stehen den Kindern des Lichts bei, um sicherzustellen, dass diese ihre Mission erfüllen können. Sie sagen:

»Hört gut zu, Eltern der Neunzigerjahre und des neuen Jahrtausends. Ihr habt eine äußerst wichtige Aufgabe zu erfüllen. Ihr müsst die intuitiven Fähigkeiten eurer Kinder schützen und es ihnen ermöglichen, in großer Nähe zur Natur aufzuwachsen. Treibt sie nicht zu äußeren Erfolgen an, die auf Kosten ihrer seelischen Bestimmung gehen. Denn unsere See-

lenaufgabe ist unsere treibende Kraft und ohne diese innere Richtschnur werden eure Kinder sich verloren, allein und verängstigt fühlen.

Darum ist es gut, wenn ihr Eltern die Aufmerksamkeit eurer Kinder auf spirituelle Themen lenkt. Dadurch können sie die geistige Nahrung aufnehmen, die ihre Entwicklung und ihr Überleben sicherstellt. Wir Engel sind hier, um euch bei euren Aufgaben als Eltern zu helfen, aber wir mischen uns nicht ungebeten ein und stellen uns niemals zwischen euch und eure Kinder. Gestattet uns einfach, euch zu helfen, schwierige Situationen in einem neuen Licht zu sehen. Diese Aufgabe erfüllen wir mit Freuden. Alles, was ihr tun müsst, ist, uns um Hilfe zu bitten. Glaubt niemals, Gott würde eure Gebete nicht erhören, denn sobald ihr um Hilfe bittet, schickt er uns an eure Seite.«

Die nachfolgenden Beispiele zeigen, welch starke und sichere Hilfe die Engel für Eltern sein können. Sie äußern sich zu allen Aspekten der Elternschaft, von der Empfängnis bis hin zu Problemen mit jugendlichen Heranwachsenden. Ich glaube, unseren Kindern widmen die Engel ganz besondere Aufmerksamkeit. Schließlich sind unsere Kinder gewissermaßen Gottes irdische Engel, die hierher gekommen sind, um eine wichtige Mission zu erfüllen.

Engel und Empfängnis

Im Zusammenhang mit meiner eigenen Empfängnis machten meine Eltern eine ganz wunderbare Erfahrung, die wohl mit dazu beitrug, dass sie mich später schon als Heranwachsende mit spirituellen Themen konfrontierten. Nach mehreren Ehejahren waren meine Eltern noch immer kinderlos und wünschten sich verzweifelt ein Baby. Schließlich wandte sich meine Mutter an eine spirituelle Gemeinde und bat die Mitglieder, im Gottesdienst dafür zu beten, sie möge ein Kind empfangen. Tatsächlich wurde sie drei Wochen später mit mir schwanger.

Bei meiner spirituellen Beratungsarbeit wie auch bei meinen Vorträgen tauchen häufig Fragen zum Thema Empfängnis und Geburt auf. Oft werde ich gefragt: »Wann bekommen wir ein Kind?«, »Wird mein Baby ein Junge oder ein Mädchen?«, »Wird unser Kind gesund zur Welt kommen?« Wie Sie hier im Anschluss lesen können, beantworten die Engel solche Fragen freimütig und sehr liebevoll.

Häufig spreche ich mit den Geistern von Kindern, die nach einer Fehlgeburt oder Abtreibung in der Nähe ihrer Mütter bleiben. Diese Kinder sind glücklich und sehr gut über ihre Situation orientiert. Sie haben einfach beschlossen, noch eine Weile bei ihrer Mutter zu bleiben, um ihr zu helfen und sie zu inspirieren. Und wenn die Mutter dann erneut schwanger wird, haben sie oft ein besonderes »Vortrittsrecht«, den neuen Körper zu bewohnen und als gesundes Baby geboren zu werden. Jene, die keine Gelegenheit erhalten, sich doch noch zu verkörpern, entwickeln sich drüben im Jenseits im gleichen Tempo wie hier auf Erden. Übrigens hegen abgetriebene Kinder keinerlei Groll gegen ihre Mütter. Ihre Seelen bleiben vollkommen intakt und unversehrt.

Engel als Kindermädchen

Engel erscheinen mir häufig wie liebevolle Kinderkrankenschwestern und Kindermädchen. Wie Mary Poppins nehmen sie in Fragen der Kindererziehung einen festen, aber liebevollen Standpunkt ein (denn in ihren Augen sind unsere Kinder in Wirklichkeit Gottes Kinder). Die Engel sagen uns unverblümt und offen ihre Meinung, sind dabei aber immer liebevoll. Sie lieben es, wenn wir sie bei der Kindererziehung um Rat und Hilfe bitten!

JANET: Ich habe zwei wunderbare Töchter und nun erwarte ich mein drittes Kind. Ich bitte die Engel, mir zu sagen, wie ich es schaffe, in spiritueller Hinsicht eine bessere Mutter zu werden.

Als Kind war ich sehr sensitiv und sah Leute unter der Decke schweben, mit denen ich mich unterhalten konnte, bis meine Ängste dafür sorgten, dass sie wegblieben. Mein Bruder starb, als ich acht Jahre alt war, und er besuchte mich in meinen Träumen. Meine ältere Tochter fürchtet sich im Dunkeln, redet im Schlaf und leidet unter Albträumen, an die sie sich am Morgen nicht mehr erinnern kann. Fürchtet sie sich vor Engeln, Geistern oder Erinnerungen aus früheren Leben? Wie kann ich sie ermutigen, nicht so ängstlich zu sein? Vielleicht weiß sie, dass wir immer von Engeln und Geistern umgeben sind. Vielleicht kann sie sie nicht sehen, spürt aber ihre Gegenwart oder hört ihre Stimmen.

Als ich in ihrem Alter war, fürchtete ich mich vor den Stimmen, die ich hörte, und sperrte mich gegen diese Art von Wahrnehmungen. Heute hätte ich es gern, wenn diese Stimmen wieder zu mir sprechen, denn nun spüre ich, dass ich innerlich bereit dafür bin. Meine jüngere Tochter dagegen ist ein wahrer Sonnenschein. Sie ist ein glückliches Kind und manchmal überfällt mich eine schreckliche Angst, dass ich sie verlieren könnte. Ich bitte um Rat, was ich tun kann, um meinen Kindern eine bessere Mutter zu sein.

DOREEN: Die Engel sagen, dass Sie eine wunderbare Mutter sind! Denken Sie daran, dass es vor allem auf die Absicht ankommt, und Sie haben die aufrichtige Absicht, als Mutter Ihr Bestes zu geben. Das ist das Einzige, was zählt – Ihre ehrlichen guten Absichten.

Ihre Kinder können ganz eindeutig Engel sehen und mit ihnen kommunizieren. Das kann tatsächlich manchmal etwas beängstigend für sie sein. Nehmen Sie sie einfach in den Arm, sprechen Sie mit ihnen und seien Sie im Hinblick auf Ihre eigenen Gefühle stets völlig aufrichtig. Das ist es, was Ihre Kinder momentan brauchen.

Wegen Ihrer Schwangerschaft fühlen Sie sich etwas erschöpft und emotional instabil. Daher rühren Ihre Schuldgefühle. Sie haben das Gefühl, weniger Zeit und Energie für Ihre Kinder zur Verfügung zu haben, und das stimmt! Ihre ganze Familie muss sich jetzt anders orientieren, um sich auf das neue Baby einzustellen. Es ist an der Zeit, Ihren Kindern mehr Spielraum zu lassen, sodass sie etwas selbstständiger werden können und ihre Betreuung für Sie weniger anstrengend wird. Dann werden Sie sich ausgeglichener und frischer fühlen, und das wünschen sich Ihre Kinder im Moment am meisten.

Engel und die Probleme von Jugendlichen

Gott und die Engel sind ausgezeichnete Helfer, was die Probleme von Teenagern betrifft. Wir brauchen sie nur um Rat zu fragen und ihre stets beeindruckenden Ratschläge dann in die Tat umzusetzen. So machte es auch meine Seminarschülerin Jackie Saunders:

Jackies Sohn hatte enorme Probleme zu Hause und in der Schule und Jackie machte sich deswegen solche Sorgen, dass sie darüber körperlich erkrankte. Verzweifelt bat sie Gott um Hilfe. »Ich brauche ein Wunder, Gott«, sagte Jackie mit fester Stimme. »Du musst mir jetzt sofort zeigen, wie ich meinem Sohn helfen kann.«

Ein paar Minuten später hörte Jackie, wie eine deutlich vernehmbare Stimme zu ihr sagte: »Fahr sofort zu Dannys Autowaschanlage!« *Jackie wusste, dass die Botschaften der göttlichen Führung mitunter recht bizarr ausfallen können, aber das erschien ihr denn doch allzu sonderbar. »Dannys Autowaschanlage?«, fragte sie nach. Die Stimme antwortete:* »Ja, fahr zu Dannys Autowaschanlage. Jetzt gleich. Beeil dich!«

Also sprang Jackie in ihren Wagen und befolgte, ohne recht zu wissen, warum, die Anweisung dieser inneren Stimme. Als sie an der Waschanlage vorfuhr, sagte der Angestellte: »Heute bekommen Sie bei uns Politur und Heißwachs zum halben Preis.« Jackie entgegnete, dafür hätte sie keine Zeit. »Doch, das haben Sie«, widersprach der Angestellte. Also ergab sie sich in die Situation und ließ ihren Wagen polieren.

Während sie dasaß und auf ihr Auto wartete, bemerkte sie einen Mann, der schlafend in einer Ecke saß, mit einem Stapel Bücher auf dem Schoß. Bei näherem Hinsehen entdeckte Jackie, dass es sich um Bücher über Jugendpsychologie handelte. Ohne nachzudenken weckte Jackie den Mann auf und fragte ihn, warum er sich für das Verhalten von Teenagern interessiere.

Der Mann gähnte, dann lächelte er und erzählte, sein Sohn habe ihm früher eine Menge Probleme gemacht. Dann habe er eine Psychologin gefunden, die bei Teenagern wahre Wunder bewirke. Heute gehe es seinem Sohn ausgezeichnet. Die Bücher auf seinem Schoß hatte die Psychologin dem Mann zur Lektüre empfohlen.

Jackie wurde ganz aufgeregt. »Bitte, bitte, sagen Sie mir den Namen der Psychologin!« Als der Mann ihr Namen und Anschrift der Psychologin aufschrieb, wusste sie, dass ihr Gebet erhört und beantwortet worden war. Von einem Gefühl tiefen Friedens erfüllt, fuhr sie nach Hause. Sie beabsichtigte, die Psychologin in den nächsten Tagen anzurufen und einen Termin für ihren Sohn zu vereinbaren.

Am nächsten Morgen wachte Jackie gegen sechs Uhr plötzlich auf. Sie hörte wieder die innere Stimme, von der sie zu der Autowaschanlage dirigiert worden war. Diesmal sagte die Stimme: »Ruf die Psychologin jetzt sofort an!«

»Aber es ist erst sechs Uhr!«, protestierte Jackie.

»Ruf die Psychologin jetzt sofort an«, *wiederholte die Stimme.* »Sie wird bald die Stadt verlassen. Deshalb musst du sie jetzt gleich anrufen.«

Jackie beschloss, der Stimme erneut zu vertrauen, rief bei der Psychologin an und entschuldigte sich, dass sie sie zu so früher Stunde behelligte. Jackie merkte, dass sie die Psychologin aufgeweckt hatte, und fürchtete, sie könnte verärgert sein. Rasch erklärte sie ihr den Grund des Anrufs. »Bitte, ich brauche ganz dringend einen Termin für meinen Sohn.«

»Aber ich verreise heute Nachmittag«, sagte die Psychologin. »Außerdem arbeite ich normalerweise immer nur mit fünf Jugendlichen gleichzeitig und im Moment betreue ich sogar sechs Fälle!«

Jackie wusste, dass ihre göttliche Führung ihr nicht ohne Grund den Weg zu dieser Psychotherapeutin gewiesen hatte, also ließ sie nicht locker. »Ich kann es nicht erklären«, sagte sie, »aber ich weiß, es ist sehr wichtig, dass Sie heute noch mit meinem Sohn sprechen.«

Etwas in Jackies Stimme machte offenbar Eindruck auf die Psychologin oder vielleicht griffen auch die Engel irgendwie ein. Jedenfalls atmete Jackie erleichtert auf, als sie die Frau am anderen Ende der Leitung sagen hörte: »Na gut, kommen Sie mit Ihrem Sohn gleich um 8 Uhr 30 zu mir. Das ist der einzige Termin, den ich vor meiner Reise noch frei habe.«

Der Besuch endete damit, dass die Psychologin Jackies Sohn als Patienten annahm, und er blühte unter ihrer Betreuung rasch auf. Heute ist er glücklich und kommt sehr gut im Leben zurecht und Jackie ist dankbar, dass Gott und die Engel ihre Gebete beantworteten, indem sie Jackie zu Dannys Autowaschanlage führten!

Engelheilungen

Über 300 gut dokumentierte wissenschaftliche Studien belegen, dass Gebete eine statistisch signifikante Heilwirkung bei gesundheitlichen Beschwerden aufweisen.

Forscher wissen, dass sich dieses Phänomen nicht als Placeboeffekt oder Wunschdenken abtun lässt. Schließlich wussten in den dokumentierten Fallstudien die untersuchten Personen sehr oft überhaupt nicht, dass für sie gebetet wurde. Und es existieren Studien, bei denen die positive Wirkung von Gebeten sogar bei Pflanzen und Kleinkindern nachgewiesen werden konnte, die es vielleicht spüren, nicht aber bewusst wissen, wenn für sie gebetet wird.

Bei vielen dieser Untersuchungen handelt es sich um so genannte »Doppelblindstudien«. Das bedeutet, dass der ausführende Wissenschaftler und der behandelnde Arzt – ebenso wie die Patienten – nicht wissen, für welche der Versuchspersonen gebetet wird und für wen nicht. Dennoch ist die Sterblichkeit bei denen, für die gebetet wird, nachweislich geringer, sie werden rascher gesund und benötigen weniger Medikamente als die Vergleichsgruppe, für die nicht gebetet wird.

Mir sind zahlreiche Berichte von Menschen bekannt, die selbst oder deren nahe Angehörige geheilt wurden, nachdem sie um die Hilfe heilender Engel gebetet hatten. In der nachfolgend geschilderten Fallstudie berichtet meine Schülerin Karen Montano, dass ihre Tochter Jourdan sogar den Engel gesehen hat, der an ihrer Heilung mitwirkte!

Aber lassen wir Karen selbst zu Wort kommen:

»Mein Mann und ich brachten unsere sechsjährige Tochter Jourdan in die Notaufnahme eines Krankenhauses. Sie litt unter hohem Fieber (40 °C) sowie starken Rücken- und Bauchschmerzen. Bevor der Arzt Jourdan untersuchte, schloss ich die Augen, betete und rief den Erzengel Michael und alle Engel meiner Tochter herbei.

Als ich die Augen öffnete, sah ich einen Freund der Familie, der im Jahr zuvor verstorben war, am Fußende der Krankenliege stehen, auf der Jourdan lag. Er beugte sich über sie und schien irgendwelche Heilungsarbeit an ihr vorzunehmen.

Dann sah ich meine Tante, die ich sehr geliebt hatte und die erst vor sechs Wochen gestorben war. Sie stand in der Tür, lächelte mir zu und sagte. ›Keine Angst, alles wird gut!‹ Dann winkte sie mit den Armen, als würde sie den Verkehr dirigieren, und sagte zu den Seelen, die hinter ihr durch die Halle gingen: ›Kein Grund zur Aufregung! Eure Anwesenheit in diesem Raum ist nicht erforderlich. Alles in Ordnung ... geht einfach weiter ... geht auf das Licht zu!‹ Dieses Erlebnis erfüllte mich mit tiefem Frieden und ich spürte, dass meine Tochter wieder gesund werden würde.

Jourdan ist jetzt wieder zu Hause und es geht ihr gut. Wie sie sagt, erinnert sie sich deutlich daran, dass unser Freund an ihrem Körper arbeitete und ihr half, wieder gesund zu werden.«

Die ewige Liebe eines Kindes

Ganz besonders bewegend sind für mich immer die Sitzungen, in denen ich mit den verstorbenen Kindern von Klienten spreche. Ich habe schon öfter Engelsitzungen abgehalten, in denen Kinder, die sich das Leben genommen hatten, die Gründe für ihre Tat erklärten und um Verzeihung baten. Ich habe mit Dutzenden von Jugendlichen gesprochen, die bei tragischen Verkehrsunfällen gestorben waren. Und ich habe den Eltern ermordeter Kinder dabei geholfen, die Umstände eines so schrecklichen Todes zu verstehen.

Oft rühren diese Fälle mich zu Tränen. Hier ist eine besonders ergreifende Sitzung, in der ein verstorbener junger Mann seiner Mutter eine liebevolle Botschaft übermittelt:

GINNY: Können Sie etwas über meinen verstorbenen Sohn in Erfahrung bringen?

DOREEN: Wie ist sein Name?

GINNY: Robert.

DOREEN: Gut. Robert, Robert. [Ich wiederhole den Namen einer Person, mit der ich im Jenseits Kontakt aufnehmen möchte, mehrmals. Nachdem ich auf diese Weise ungefähr zwei Minuten nach Robert gerufen hatte, sah ich einen großen jungen Mann neben Ginny auftauchen.] *War er groß?*

GINNY: Ja.

DOREEN: Ich sehe, dass sich ein großer junger Mann neben Sie gestellt hat. Er ist sehr schlaksig, mit einem jugendlich wirkenden Gesicht. Seine Kleidung sieht etwas altmodisch aus. Sein Gesicht ist so jugendlich, dass ich sein Alter nur schwer schätzen kann. So zwischen 18 und 25, würde ich sagen.

GINNY: Ja, das ist er. Er war 22 und geistig behindert.

DOREEN: Er steht jetzt links neben Ihnen, begleitet Sie aber nicht immer. Robert ist sehr still und strahlt heitere Gelassenheit aus. Er bedeutet mir mit Gesten, dass er drüben auf der anderen Seite eine Menge Spaß hat. Er zeigt mir ein Bild, auf dem ich ihn rennen sehe. Ich weiß nicht, wie viel Sie über das Jenseits wissen. Es gibt dort viele unterschiedliche Ebenen und Bereiche. In manchen Bereichen des Jenseits sieht es genauso aus wie an besonders schönen Orten hier auf der Erde.

Diese Bilder eines Lebens, das dem auf der Erde ähnelt, erschaffen die Leute drüben im Jenseits mithilfe ihrer eigenen Vorstellungskraft. Robert wohnt in einer ländlichen Umgebung und er zeigt mir, wie er durch ein Weizenfeld rennt, mit weit ausgebreiteten Armen, als würde er fliegen.

GINNY: Er hat unsere Farm immer geliebt.

DOREEN: Nun, im Jenseits lebt er in einer Umgebung, die an eine Farm erinnert, und er sagt, dass er sich dort sehr frei fühlt. Er sagt: »Mami, sei nicht traurig.« Er zeigt mir einen Buchstaben. Ein J – oder ist es ein I?

GINNY: Er konnte seinen Namen schreiben und ein paar einfache Wörter.

DOREEN: O ja, es ist ein I, und er schreibt: »I love you.«

Zwischenmenschliche Beziehungen und der spirituelle Weg

Wenn Sie sich mit Spiritualität beschäftigen, kann das Ihr Leben in vielerlei Hinsicht verändern. Neue Möglichkeiten tun sich für Sie auf, Heilungen finden statt und Gott und die Engel helfen Ihnen auf wunderbare Weise. Auch in Ihren Beziehungen zu anderen Menschen kommt es zu tief greifenden Veränderungen.

Wenn Menschen den spirituellen Pfad einschlagen, gilt ihre größte Sorge meist der Frage, wie sich das auf ihre zwischenmenschlichen Beziehungen auswirken wird. Vielleicht fragen Sie sich: »Werden meine Freunde und meine Familie mich auch weiterhin mögen, trotz meiner neuen Interessen und veränderten Weltanschauung?« Es ist gut möglich, dass Sie das Interesse an alten Freunden verlieren und sich nach neuen Freundschaften mit Gleichgesinnten sehnen.

Auch beunruhigt Sie vielleicht, wie Ihre Familie auf Ihre neuen spirituellen Interessen reagiert. Wer in einem traditionellen religiösen Umfeld aufwuchs, muss sich möglicherweise deutliche Kritik von Verwandten anhören, die auf eine Beschäftigung mit Metaphysik und nichttraditioneller Spiritualität mit ängstlicher Ablehnung reagieren.

Wenn Sie Ihren Geist, Ihr Herz und Ihr Leben für ein höheres Bewusstsein öffnen, sind Veränderungen in Ihrem Alltag unvermeidlich. Diese Veränderungen können wunderbare Erfahrungen sein, wenn Sie sich ganz dem Prozess anvertrauen. Sie können allerdings auch erschreckend und schmerzhaft sein, wenn Sie sich an strikte Vorstellungen darüber klammern, wie die Dinge Ihrer Meinung nach sein *sollten*, oder wenn Sie Angst haben, die Zuneigung bestimmter Menschen zu verlieren. Solche Ängste können durchaus zu sich selbst erfüllenden Prophezeiungen werden.

Glücklicherweise können Sie jederzeit die Engel bitten, Sie sicher durch diese Veränderungen zu geleiten und Ihnen den Weg zu ebnen.

Verändertes Bewusstsein, veränderte Freundschaften

»Im Zuge meiner Beschäftigung mit spirituellen Themen entschied ich mich, in meinem Leben einige Änderungen vorzunehmen«, berichtete mir Celia, eine meiner Seminarteilnehmerinnen. »Als Erstes beschloss ich, mich nicht länger als Klatschbase zu betätigen. Denn mir war bewusst geworden, dass ich mich jedes Mal selbst verletzte, wenn ich mich in Klatsch und Tratsch erging und über andere herzog.«

Anfangs bereitete dieser Entschluss Celia einiges Unbehagen, denn für sie und ihre besten Freundinnen waren solche Klatschrunden bisher ein bevorzugtes Freizeitvergnügen gewesen. Wie würden ihre Freundinnen reagieren, wenn sie dabei nicht länger mitmachte? Also bat Celia die göttliche Führung, ihr zu zeigen, wie sie mit dieser Situation umgehen sollte. Sie empfing eine klare intuitive Botschaft, eine wirkliche Antwort auf ihr Gebet.

»Ich erkannte, dass es meine Aufgabe war, meinen Freundinnen klarzumachen, dass *Nicht*-Tratschen viel mehr Spaß macht als Tratschen!«, erzählte Celia. »Schließlich gingen wir dieser schlechten Angewohnheit nur nach, weil wir dachten, es gäbe nichts, was größeren Spaß macht. Also sagte ich eines Abends zu meinen

Freundinnen: ›Passt auf, mit dieser Art von Gerede ziehen wir uns immer wieder gegenseitig herunter. Lasst uns damit aufhören und eine Abmachung treffen. Ab jetzt rufen wir, wenn wir eine von uns beim Klatschen ertappen, einfach laut Hoppla.‹ Es kostete meine Freundinnen und mich einige Mühe, uns diese schlechte Angewohnheit wieder abzutrainieren, aber seit wir angefangen haben, über positivere Themen zu sprechen, fühlen wir uns alle sehr viel wohler.«

An Celias Beispiel sehen wir, dass die Veränderungen, die wir auf dem spirituellen Pfad durchlaufen, uns die Chance geben, zu Wegweisern oder Lehrern für unsere Freunde und Angehörigen zu werden. Natürlich ist das ein Balanceakt, der etwas Fingerspitzengefühl erfordert. Niemand – das gilt ganz besonders für unsere Freunde und Familienmitglieder – möchte von uns Predigten oder Vorträge zu hören bekommen. Wenn wir den uns nahe stehenden Menschen lautstark vorwerfen: »Warum könnt ihr nicht so spirituell sein wie ich?«, werden sie auf unser vorwurfsvolles Benehmen reagieren und nicht auf den Inhalt unserer Worte.

Bitten Sie daher die Engel, Ihr Sprechen und Handeln so anzuleiten, dass Sie als Lehrerin oder Lehrer andere Menschen wirkungsvoll erreichen und sie inspirieren können.

Die Chakren und das Gesetz der Anziehung

Wahre göttliche Führung äußert sich niemals in Form von Schuldzuweisungen oder Vorwürfen und verurteilt niemanden. Die Engel sind stets bestrebt, in Konflikten Lösungen herbeizuführen, die für alle Beteiligten befriedigend sind und keinen zum Verlierer machen. Es kann aber gelegentlich vorkommen, dass sie Sie von der Bindung an bestimmte Menschen wegführen und Ihnen helfen, eine Freundschaft zu beenden, deren Sinn sich erfüllt hat.

Das Ende einer Beziehung kann bei uns allen Ängste auslösen. Doch für jene, die sich auf dem spirituellen Pfad befinden, kann ein solches Erlebnis zusätzliche Schuldgefühle bewirken. »Ich müsste doch eigentlich anderen Menschen helfen und liebevoll sein«, sagen Sie sich vielleicht. »Lasse ich denn nun meine Freundin nicht im Stich, wenn ich beschließe, weniger Zeit mit ihr zu verbringen?«

Es ist durchaus wahrscheinlich, dass die Auseinandersetzung mit spirituellen Themen dazu führt, dass Sie weniger Zeit mit alten Freunden verbringen und dafür andere Menschen kennen lernen. Das bedeutet keineswegs, dass Sie Ihre bisherigen Freunde deshalb verurteilen, kritisieren oder im Stich lassen. Und Sie sind deshalb ganz gewiss kein Snob oder Eigenbrötler. Sie nehmen sich einfach den Freiraum, sich gemäß dem spirituellen Gesetz der Anziehung in neue Bahnen lenken zu lassen.

Wir fühlen uns ganz natürlich zu Menschen hingezogen, deren Bewusstseinszustand unseren eigenen widerspiegelt. Gemeinsame Interessen sind das, was Freundschaften entstehen lässt. Wenn Ihre Lebensweise sich verändert, werden Sie ganz automatisch nach Leuten Ausschau halten, mit denen Sie Gemeinsamkeiten und inneres Einverständnis verspüren. Auf einer tieferen, metaphysischen Ebene wirkt Ihr Bewusstseinszustand sich auf die Energiezentren in Ihrem Körper aus, die so genannten »Chakren«. Jedes Chakra steht mit einem bestimmten Lebensbereich in Zusammenhang. Welches unserer Chakren stimuliert wird, hängt von den Themen ab, um die unser Denken vorwiegend kreist. Dann ziehen wir, wie durch ein Radar, Menschen mit einem ähnlichen Bewusstseinszustand an oder fühlen uns von ihnen angezogen.

Die Engel sagen uns, dass die Chakren Energiewellen aussenden, die wie Ultraschall reflektiert werden. Wenn wir einem Menschen begegnen, dessen Energiemuster dem unseren ähnelt, werden unsere Chakren auf angenehme Weise stimuliert, und wir empfinden die Gegenwart dieses Menschen als wohltuend. Wir fühlen uns zu ihm hingezogen und oft finden wir schließlich angenehm überrascht heraus, dass uns viele gemeinsame Interessen verbinden.

Wenn Sie beispielsweise ständig an Geld und Sicherheit denken, wirkt sich das vor allem auf Ihr erstes Chakra aus, das auch »Wurzelchakra« genannt wird und sich am unteren Ende der Wirbelsäule befindet. Wie ein Magnet werden Sie Menschen anziehen und sich mit ihnen anfreunden, deren Denken ebenfalls um Geld und Sicherheit kreist.

Das zweite oder »Sakralchakra« ist für unseren Körper zuständig. Dieses Chakra befindet sich auf halbem Weg zwischen Bauchnabel und Steißbein. Bei Menschen mit physischen Problemen oder Obsessionen, bei denen Essen, körperliches Wohlbefinden oder Sucht eine Rolle spielen, ist das Gleichgewicht des Sakralchakras gestört. In einem solchen Fall werden Sie Menschen anziehen und anziehend finden, die ebenfalls mit körperlichen Themen zu tun haben.

Beim dritten Chakra, dem »Solarplexus«, kreisen mögliche Ängste oder Obsessionen um Macht und Kontrolle. Dieses Chakra befindet sich in der Körpermitte, hinter dem Bauchnabel. Wenn unser Denken auf Machtprobleme fixiert ist, werden wir entsprechend orientierte Menschen in unser Leben ziehen.

Die drei unteren Chakren befassen sich mit irdischen Fragen. Das vierte oder »Herzchakra« ist das erste einer Reihe von Chakren, die mit höheren Themen assoziiert sind. Es ist daher kein Zufall, dass sich diese Chakren im oberen Teil unseres Körpers befinden. Das Herzchakra befindet sich in der Brust und hat mit dem Thema Liebe zu tun. Menschen, die an ihrer Liebesfähigkeit arbeiten und sich mit Vergebung, Mitgefühl und der Beziehung zu ihrem Seelengefährten beschäftigen, kann man als »herzzentriert« bezeichnen. Sie tendieren dazu, andere liebevolle Menschen anzuziehen.

Das fünfte Chakra sitzt im Bereich des Adamsapfels und heißt auch »Kehlkopfchakra«. Es ist zuständig für den kreativen Selbstausdruck und die Kommunikation. Menschen, die künstlerische Projekte realisieren oder lehrend tätig sind – besonders, wenn dabei die Spiritualität im Vordergrund steht –, aktivieren ihr Kehlkopfchakra. Dieses Chakra wird besonders durch eine moralisch integre Lebensweise stimuliert, bei der wir danach streben, dass unsere Worte und Taten im Einklang mit unserer inneren Wahrheit stehen. Dadurch werden Sie entsprechend gleich gesinnte Menschen anziehen.

Das »Dritte Auge« ist das sechste Chakra. Hier geht es um Hellsichtigkeit und um Visionen. Wenn Sie mit Visualisierungen arbeiten und meditieren oder wenn Sie von Natur aus hellsichtig sind, ist dieses Chakra geöffnet. Sie werden dann Menschen mit ähnlich gelagerten spirituellen Interessen und Fähigkeiten in Ihr Leben ziehen.

Die »Ohrchakren« liegen links und rechts oberhalb der Augenbrauen und ermöglichen es uns, auf die Botschaften des göttlichen Geistes zu hören. Wer still meditiert und sich innerlich auf himmlische Botschaften einstimmt, stimuliert damit seine Ohrchakren und zieht andere spirituell »hellhörige« Menschen an.

Innen unter der Schädeldecke liegt das »Kronenchakra«, das aktiviert wird, wenn ein Mensch erkennt, dass wir alle in Wahrheit eins und mit Gott vereint sind.

Chakrendiagramm

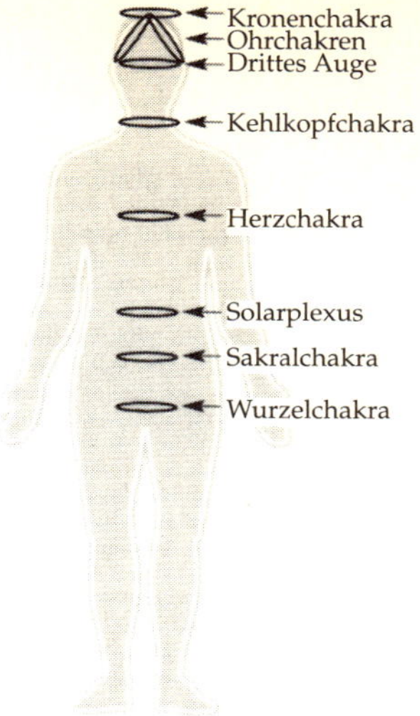

Ein Mensch mit einem solchen Bewusstseinszustand wirkt ganz natürlich anziehend auf andere gleichgesinnte Seelen, die wie er den spirituellen Pfad beschritten haben.

Nehmen wir also an, dass Ihr Denken bisher überwiegend um irdische Fragen kreiste, etwa um Geldsorgen und sexuelle Obsessionen. Dann werden auch Ihre Freunde und Bekannten sich vor allem mit diesen Dingen beschäftigen. Nun findet bei Ihnen ein spirituelles Erwachen statt, das Sie dazu veranlasst, Bücher über religiöse Themen zu lesen und zu meditieren. Wenn Sie das tun, bewegt sich Ihre Chakrenenergie aufwärts. Statt also lediglich auf der ersten (geldorientierten) oder zweiten (sexorientierten) Ebene zu operieren, beginnen Sie nun, aus dem vierten (liebesorientierten) oder fünften (wahrheitsorientierten) Chakra zu leben.

Wenn diese Veränderung eintritt, werden Menschen, zu denen Sie sich bislang aufgrund Ihres früheren Bewusstseinszustands hingezogen fühlten, für Sie an Attraktivität verlieren. Dafür werden Sie den Wunsch verspüren, Verbindung mit Menschen aufzunehmen, die Ihre neue geistige Ausrichtung teilen. Durch das Gesetz der Anziehung werden – sofern Sie eine entsprechende positive Erwartungshaltung einnehmen – neue, gleich gesinnte Freunde in Ihr Leben treten.

Das Gesetz der Anziehung oder Zufälle unter Freunden

Ein Mann namens Charles erzählte mir die folgende Geschichte, die ein gutes Beispiel für Synchronizität ist:

»Ich war gerade dabei, mit einem Freund in einem Einkaufszentrum bei Boston meine Weihnachtseinkäufe zu erledigen, als wir beim Betreten eines Ladens einer jungen Frau begegneten, die einige Jahre zuvor mit uns aufs College gegangen war. Etwas früher an diesem Morgen hatte ich noch über sie gesprochen und gesagt, ich hätte schon seit Jahren keinen Kontakt mehr zu ihr gehabt und würde mich freuen, sie einmal wieder zu sehen.«

Erlebnisse wie diese sind eine Bestätigung dafür, dass wir in einem göttlich geordneten Universum leben. Statt uns ständig darum zu sorgen, ob die Dinge sich zu unseren Gunsten entwickeln, sollten wir unsere Zeit und Energie besser darauf verwenden, uns in positiver Weise auf unsere Wünsche zu konzentrieren. Durch das Gesetz der Anziehung werden wir dann solche positiven und erwünschten Erfahrungen in unser Leben ziehen.

Maria Stephenson, eine spirituelle Beraterin aus Arizona, sagte mir, ihr nachfolgend geschildertes Erlebnis habe sie in dem Glauben bestärkt, dass sie und ihre Freunde sicher behütet und geleitet werden – nicht nur vom Gesetz der Anziehung, sondern auch von hilfsbereiten Engeln.

»Ich hatte mich mit ein paar Freundinnen aus Phoenix verabredet, um gemeinsam an einer Konferenz in Newport Beach teilzunehmen. Dabei wollten wir uns ein Mehrbettzimmer teilen, um die Übernachtungskosten niedrig zu halten. Ich traf freitags spät im Hotel ein und nahm an, dass die anderen Mitglieder unserer Gruppe bereits eingecheckt hatten. Doch an der Rezeption waren ihre Namen noch nicht registriert. Also ließ ich mich eintragen und ging aufs Zimmer, um dort auf die anderen zu warten. Die Zeit verstrich. Als ich bis gegen halb neun gewartet hatte, nickte ich ein.

Um etwa 22 Uhr 40 hörte ich im Schlaf eine Stimme, die zu mir sagte: ›Schnell! Wach auf!‹ *Ich setzte mich auf und schaute mich um. Noch immer war niemand da. Ich fragte mich, wo meine Freundinnen denn nur bleiben mochten. Wieder überkam mich ein starker Impuls und eine Stimme in meinem Kopf sagte.* ›Steh auf, zieh die Schuhe an und geh hinaus auf den Flur.‹ *Zunächst wollte ich die Botschaft ignorieren, aber der drängende Impuls wurde stärker. Also stand ich vom Bett auf, zog die Schuhe an und verließ das Zimmer. Und in dem Moment, als ich die Tür öffnete, sah ich meine Freundinnen über den Flur gehen!*

Dem Hotel war ein Fehler unterlaufen. Sie hatten das Zimmer nicht unter meinem Namen registriert, sondern fälschlicherweise einen ganz anderen Namen eingetragen. Daher hatten meine Freundinnen ein anderes Zimmer genommen, für das sie getrennt hätten bezahlen müssen, da sie mich ja nicht finden konnten! Als ich die Tür öffnete, waren sie gerade vor dem Zimmer angekommen, das ihnen zugewiesen worden war. Einen Moment später wären sie in das Zimmer gegangen, hätten die Tür hinter sich geschlossen und wir hätten uns verpasst! Dann hätten wir zwei Zimmer bezahlen müs-

sen. Wir konnten alle kaum glauben, was passiert war. Nicht nur hatte ich just im richtigen Moment meine Zimmertür geöffnet, sondern sie hatten auch noch ein Zimmer auf der gleichen Etage erhalten, sodass wir uns rechtzeitig begegnen konnten ... Wir mussten alle lachen und wussten natürlich genau, was passiert war – dank meiner hartnäckigen Engel, die mich rechtzeitig geweckt und zur Tür dirigiert hatten!«

Engelheilungen für Angehörige

Eine Frau namens Cheryl Anne schilderte mir, wie die Engel ihre Schwester und deren Hund heilten:

»Frühmorgens wachte ich auf und betete für meine Schwester, die gerade eine schwere Zeit durchmachte. Sogar ihr Hund war krank. Ich betete für sie und versuchte dann, die Flamme meiner Gebetskerze auszublasen. Doch die Flamme brannte weiter. Mehrfach versuchte ich sie auszulöschen, bis ich begriff, was geschah.

Ich schloss die Augen und saß still im Schein der Kerze. Dann kamen die Schutzengel meiner Schwester, meiner Nichte und meines Neffen zu mir – ja, sogar die des Hundes! Ich sah sie klar und deutlich und sie stellten sich mir mit Namen vor und beschrieben mir ihre Aufgaben. Meine Schwester hatte zwei Engel, einen männlichen und einen weiblichen, die links und rechts von ihr schwebten. Sie hießen Michael Edward und Ruth Ann.

Ich schrieb meiner Schwester eine E-Mail, um ihr zu berichten, was ich soeben gesehen hatte. Sie war kein gläubiger Mensch, daher machte ich mir Sorgen, sie könnte mich auslachen oder verärgert reagieren. Und doch spürte ich, dass ich ihr einfach davon erzählen musste.

Später erklärte sie mir, dass sie sehr überrascht gewesen sei über die Namen der Engel, die ich ihr nannte. Sie hatte in der vorangegangenen Nacht einen Traum gehabt, der ihr im Ge-

dächtnis geblieben war. Darin war sie von einem Mann und einer Frau verfolgt worden. Sie floh vor ihnen, doch die beiden riefen immer wieder: ›Lauf nicht vor uns weg. Du brauchst uns!‹ Als sie aufwachte, hörte sie sich selbst einen Namen oder ein seltsames Wort rufen. Sie beschloss, es aufzuschreiben, damit sie es nicht vergaß. Das Wort, das sie im Schlaf gerufen und später notiert hatte, lautete: ›MERA‹.

Sie bat mich, die Namen der Engel zu wiederholen. Als ich zu ihr sagte: ›Michael Edward, Ruth Ann‹, weiß ich nicht, wer von uns beiden verblüffter war, als uns klar wurde, dass MERA die Abkürzung für diese Namen ist! Fast alle meine früheren inneren Botschaften und Begegnungen waren rein persönlicher Natur gewesen. Doch hier erlebte ich zum ersten Mal, dass ein anderer Mensch Botschaften empfing, die zu meinen Erlebnissen in klarem Zusammenhang standen! Vorher hatte ich mit meinen übersinnlichen Erlebnissen immer allein dagestanden.

Meiner Schwester geht es heute sehr gut. Viele Jahre lang hatte sie sich für eine überzeugte Atheistin gehalten, doch nun hat bei ihr ein echtes spirituelles Erwachen begonnen. Für ihre ganze Familie war es eine erstaunliche Zeit. Das ganze letzte Jahr hindurch hatten sie mit enormen Problemen zu kämpfen, doch nun lassen Gott und die Schutzengel Licht und Liebe in ihr Leben strömen.

Der Hund meiner Schwester ist übrigens auch wieder wohlauf! An jenem Morgen war er dem Tod nahe gewesen und kleine, vogelähnliche Engelwesen schwebten um ihn herum.«

Heilende Gebete für die Familie

Hier einige Beispiele für Gebete, die Sie anwenden können (entweder laut gesprochen, still in Gedanken oder in schriftlicher Form), um Gott und die Engel in Familienangelegenheiten um Hilfe zu bitten. Selbstverständlich können Sie diese Gebete den jeweiligen Erfordernissen entsprechend ergänzen oder umformulieren.

Gebet, um ein Kind zu empfangen

Lieber Gott,
wir haben so viel Liebe zu geben und mein Partner und ich möchten diese Liebe mit einem Baby teilen. Wir bitten dich und die Engel, uns zu helfen, sodass wir ein Kind empfangen können. Bitte schicke eine deiner leuchtendsten und glücklichsten Seelen in unser Leben und mache uns zu den Eltern dieses wunderbaren Wesens. Danke.

Gebet, um die Beziehung zwischen Eltern und Kindern zu heilen

Lieber Gott,
bitte hilf meinem Kind und mir dabei, eine harmonische Beziehung aufzubauen. Ich bitte dich, alle Ängste zu heilen, die mein Kind und mich davon abhalten, einander warmherzige Liebe zu schenken. Bitte hilf meinem Kind, ein erfülltes Leben zu führen und glücklich zu sein. Bitte unterstütze mein Kind darin, mich und meine Lebenssituation zu akzeptieren. Ich bitte dich und die Engel, meinem Kind und mir zu helfen, dass wir alle Verbitterung und allen Groll hinter uns lassen. Bitte helft uns, eine liebevolle und nahe Beziehung zueinander aufzubauen. Amen.

Gebet bei Erziehungsproblemen

Lieber Gott,
bitte hilf mir, mein Kind zu verstehen. Ich bitte dich, mein Kind mit Liebe, Weisheit und Intelligenz zu erfüllen. Bitte hilf meinem Kind dabei, die Auswirkungen seines Verhal-

tens zu verstehen und Verantwortungsgefühl zu entwickeln. Ich bitte dich, mein Kind sicher zu führen, damit es intelligente Entscheidungen trifft, die auf Liebe, nicht auf Angst beruhen. Ich bitte darum, dass du und der Erzengel Michael mein Kind von allen Komplexen und inneren Blockaden befreien, die seinem Glück im Wege stehen. Danke.

Gebet zur Heilung schwieriger Familienbeziehungen

Lieber Gott,
ich weiß, dass alle Mitglieder meiner Familie ebenso wie ich selbst ihre eigenen Schutzengel haben. Ich bitte darum, dass diese Schutzengel uns dabei helfen, unsere Probleme und gegenseitigen Missverständnisse zu klären. Bitte, helft uns, Zorn und Bitterkeit hinter uns zu lassen. Ich bitte darum, dass alle Folgen unserer Fehler bereinigt, vergeben und vergessen werden. Bitte, lieber Gott, hilf mir, mich von allen schlechten Meinungen und Vorurteilen zu befreien, die ich mir selbst und anderen gegenüber hege. Ich bitte darum, dass unsere Schutzengel uns deine Inspiration und Führung klar übermitteln, im sicheren Wissen, dass dein Wille uns Frieden bringt. Danke.

Gebet für eine/n Verwandte/n

Lieber Gott,
bitte hilf meiner/meinem Verwandten, hier und jetzt Frieden und Glück zu erfahren. Ich bitte dich, ihr/ihm zusätzliche Engel zu schicken, die sie/ihn trösten. Bitte umgib unsere ganze Familie mit einem besonders dicken Polster deiner göttlichen Liebe. Hilf uns dabei, uns zu entspannen, zu glauben und zu vertrauen. Bitte schicke uns ein Zeichen deiner Liebe, sodass wir unsere Angst verlieren. Danke für all deine heilende Liebe.

Gebet für eine zu Ende gehende Freundschaft

Geliebter Schöpfer,
tief in mir fühle ich, dass meine Freundschaft mit ___________ zu Ende geht. Ich bitte dich, hilf uns beiden, diese Veränderung mit Würde und in Frieden zu bewältigen. Ich bitte dich und die Engel, mir zu helfen, dass ich auf liebevolle Weise aufrichtig bin, mir selbst und ___________ gegenüber. Hilf mir, meiner inneren Wahrheit zu folgen, sodass mein Handeln von Liebe bestimmt wird, nicht von Furcht, schlechtem Gewissen oder Schuldgefühlen. Bitte tröste ___________, sodass es uns beiden gelingt, diese Veränderung auf positive Weise zu akzeptieren.

Gebet, um neue Freunde zu finden

Lieber Gott,
ich sehe mich jetzt umgeben von liebevollen Freunden, mit denen mich vieles verbindet. Ich kann spüren, wie neue Freundschaften mit gleich gesinnten Seelen entstehen, und ich bitte dich, mir bei der Verwirklichung dieser Vision zu helfen. Bringe mich jetzt bitte mit neuen Menschen zusammen, die positiv, spirituell aufgeschlossen, gesundheitsbewusst und fröhlich sind. Bitte stärke meine innere Zuversicht, dass ich die Liebe und Zuwendung dieser neuen Freunde verdiene. Ich danke dir.

4. KAPITEL

Die spirituelle Entwicklung unseres Körpers

Die Engel sind jederzeit bereit, uns bei der Heilung körperlicher Probleme zu helfen und unsere Energie und Vitalität zu steigern. Daher möchten sie uns zeigen, wie wir gut für unseren Körper sorgen können. Wie stets bei der Arbeit mit Engeln gilt auch hier, dass wir sie zunächst um ihre Hilfe bitten müssen. Erst dann ist es ihnen gestattet, uns beizustehen. Von dieser Regel gibt es nur eine Ausnahme: Ohne unsere ausdrückliche Bitte dürfen und werden die Engel eingreifen, wenn wir in eine lebensbedrohliche Situation geraten, bevor es für uns an der Zeit ist.

Die Engel und der Schlaf

Während eines Engel-Readings teilten die Engel mir mit, dass guter, ausreichender Schlaf für uns sehr wichtig ist, weil sie uns dann besser helfen können. Nachfolgend die Mitschrift einer Sitzung mit einer Klientin (ich werde sie Rhonda nennen), die mich aufsuchte.

Beachten Sie bitte, dass es sich um meine erste Sitzung mit Rhonda handelte und ich nichts über sie wusste.

Wenn Leute bei mir anrufen und um einen Termin bitten, notiere ich mir ganz bewusst nur ihren Namen, um nicht durch zusätzliche Informationen beeinflusst zu werden. Ich arbeite auf drei Arten mit den Engeln: Entweder gebe ich wie eine Dolmetscherin weiter, was sie mir ins rechte Ohr sprechen, oder ich beschreibe die hellsichtigen Bilder, die mir von den Engeln gezeigt werden, oder die Engel sprechen direkt *durch* mich, was durch Fürwörter wie *wir* oder *unser* angezeigt wird.

DOREEN: Die Engel sagen, dass sie mit Ihnen arbeiten, während Sie schlafen. Aber sie bemühen sich auch darum, Ihnen zu einem gesünderen Schlaf zu verhelfen. Offenbar schlafen Sie nicht tief genug. [Die Engel zeigen mir einen Lichtschein, der in Rhondas Schlafzimmer dringt und sie aufweckt.] Wird Ihr Schlaf durch irgendeine Lichtquelle gestört?

RHONDA: Ja, ich arbeite zurzeit im Nachtdienst und schlafe tagsüber. Die Sonne scheint bei mir ins Zimmer und stört mich beim Einschlafen.

DOREEN: Ah, ich verstehe. Das ist es, was die Engel meinen. Könnten Sie die Vorhänge oder Jalousien besser schließen?

RHONDA: Ich lasse die Jalousien herunter, aber es dringt immer noch viel Licht durch die Schlitze. Ich werde zusätzlich etwas vor die Fenster hängen müssen.

DOREEN: Das sollten Sie unbedingt tun, denn die Engel sagen, dieses Licht weckt Sie auf und verhindert, dass Sie wirklich tief schlafen. Und wenn Sie nicht tief genug schlafen, können die Engel nicht im Traumzustand mit Ihnen arbeiten. Sie sind deswegen wirklich besorgt.

RHONDA: Okay, ich habe noch Vorhänge, die ich zusätzlich vor die Fenster spannen kann, aber das habe ich bislang immer vor mir her geschoben, weil es mir zu lästig war.

DOREEN: Den Engeln ist es wirklich sehr, sehr wichtig, dass Sie besser schlafen. Sie möchten, dass Sie diese Vorhänge unbedingt benutzen, um für mehr Dunkelheit im Zimmer zu sorgen.

RHONDA [etwas später während der Sitzung]: In letzter Zeit neige ich zu ziemlich heftigen Grübeleien. Gibt es eine Meditation oder bestimmte Klänge oder Mantren, die ich verwenden kann, um innerlich ruhiger zu werden?

DOREEN: Die Engel sagen: »Du solltest dich vor allem um einen gesünderen Schlaf kümmern, wenn du innerlich ruhiger werden möchtest. Sorge unbedingt für eine bessere Abdunklung deines Zimmers. Wenn du das äußere Licht aussperrst, während du ruhst, wirst du stattdessen das innere Licht sehen können! Gesunder Schlaf ist alles, was du brauchst, um deinen Zustand zu verbessern. Weitere Maßnahmen sind nicht erforderlich. Wir Engel möchten gern mit dir arbeiten. Täglich klopfen wir an deine Tür, aber nur wenn du tief und gut schläfst, können wir dich erreichen. Diese tiefe Ebene des Schlafs erreichst du zurzeit nicht, und das beeinträchtigt dein Konzentrationsvermögen.«

Die Engel weisen uns nicht nur auf den Wert eines gesunden Schlafs hin, sie helfen uns auch, gut zu schlafen. Dazu müssen wir sie einfach nur um ihre Hilfe bitten. Terry, ein Freund meines Mannes, berichtet, welch positive Erfahrungen er in dieser Hinsicht mit den Engeln gemacht hat: »Ich hatte sehr hart gearbeitet und wusste, dass der folgende Tag wieder ähnlich strapaziös werden würde. Ich fühlte mich erschöpft und brauchte dringend eine erholsame Nacht. Also bat ich die Engel diesbezüglich um Hilfe. Und es hat funktioniert! Ich schlief wunderbar tief und fest und wachte erfrischt und ausgeruht auf.«

Seelenreisen und Träume

In diesem Engel-Reading sprechen meine Klientin Katherine und ich über das Phänomen außerkörperlicher Erfahrungen während des Schlafs. Sehr oft bringen unsere Engel uns im Traum zu Orten im Jenseits, wo wir zur

Schule gehen und wichtige spirituelle Lektionen lernen. Zu anderen Zeiten sind wir selbst es, die anderen auf ihren Seelenreisen als Lehrer dienen.

DOREEN: Wie ich sehe, unternehmen Sie im Schlaf viele Seelenreisen. An diese Reisen erinnern Sie sich dann in Form von Träumen, die Sie aber nach dem Aufwachen sehr schnell wieder vergessen.

KATHERINE: Ich bitte meine Engel häufig, mir zu helfen, mir meine Träume besser zu merken, aber ich vergesse sie immer noch!

DOREEN: Bei Ihren Seelenreisen begeben Sie sich in eine vierdimensionale Welt, in der die Gesetze von Zeit und Raum keine Gültigkeit besitzen. Der einengende Glaube an diese Gesetze existiert nur in dieser dreidimensionalen Welt und beeinträchtigt unsere Fähigkeit, die Grundlagen des Lebens zu verstehen. Im Traum entdecken Sie Wahrheiten, die sich nicht in die Begriffe des dreidimensionalen Bewusstseinszustands übersetzen lassen, in den Sie beim Aufwachen überwechseln. Dennoch werden alle diese Lernerfahrungen, die Sie während des Träumens machen, von Ihrem Unterbewusstsein aufgenommen und beeinflussen Sie auf positive Weise. Sie profitieren also auch dann von diesen Seelenreisen und Traumlektionen, wenn Sie sich nach dem Aufwachen nicht an sie erinnern.

Engelenergie

Nun wissen Sie, dass die Engel uns helfen, gut zu schlafen, wenn wir Sie um Rat fragen und diesen Rat dann auch befolgen. Auf diese Weise erwachen wir erfrischt und energiegeladen. Es besteht für uns kein Grund, uns erschöpft zu fühlen, denn die Engel sagen, dass uns eine unerschöpfliche Energiequelle zur Verfügung steht. Diese Quelle ist der allgegenwärtige Gott, der auch jetzt in diesem Moment in Ihnen wohnt.

Wenn Sie sich ohne ersichtlichen Grund müde oder erschöpft fühlen, können Sie den Erzengel Michael um Hilfe bitten, indem Sie, in Gedanken oder laut, ein Gebet wie das folgende sprechen:

Gebet um mehr Energie

Erzengel Michael,
ich bitte dich und deine Helfer, jetzt zu mir zu kommen. Befreie mich von allem, was mich erschöpft und meine Energie schwächt. Hilf mir jetzt, meine natürliche Vitalität wieder herzustellen. Ich danke dir.

*

Wenn Sie ein solches Gebet sprechen, werden Sie sehr schnell die Präsenz dieses mächtigen Engels spüren. Mit dem Schwert, das sein Attribut ist, durchtrennt Michael negative Bindungen, die Sie schwächen, und beseitigt negative Energien, die Ihnen unnötig das Leben schwer machen. Schon nach ein paar Minuten werden Sie sich erfrischt und belebt fühlen. Ich finde, dass diese Methode zehnmal besser wirkt als Kaffee.

Eine meiner Klientinnen namens Pam entdeckte, dass die Engel uns auch dabei helfen können, während einer langen nächtlichen Autofahrt wach und aufmerksam zu bleiben:

»Eines Nachts fuhr ich mit meinem Freund von Las Vegas nach Hause. Unterwegs merkte er, dass er müde wurde und ihm immer wieder beinahe die Augen zufielen. Wir waren beide erschöpft, aber ich war noch etwas munterer als er. Also setzte ich mich hinters Steuer, doch nach einer Weile begannen auch mir immer wieder die Augen zuzufallen.

Plötzlich bekam ich, wie aus dem Nichts, einen kräftigen Energieschub, der mich wachrüttelte. Nur wenige Augenblicke später geriet ein Wagen rechts vor mir ins Schleudern, prallte gegen die Leitplanke, drehte sich und blockierte genau vor uns die Fahrbahn. Es gelang mir, gerade noch rechtzeitig abzubremsen, sodass wir um Haaresbreite einem Zusammenstoß entgingen. Wenn ich nicht diesen plötzlichen Energieschub bekommen hätte, der mich aufweckte und meine Konzentration wieder herstellte, wären wir ungebremst auf den anderen Wagen geprallt.

Nach diesem Zwischenfall hatte ich natürlich so viel Adrenalin im Blut, dass ich keinerlei Müdigkeit mehr verspürte und uns sicher nach Hause fuhr.

Vor diesem Erlebnis hatte mein Freund oft von Engeln gesprochen, aber ich war mir nicht sicher, ob ich an sie glauben sollte. Ich war nicht vollkommen ungläubig, bewahrte aber eine skeptische, offene Geisteshaltung. Nun hatte ich den Beweis, dass es tatsächlich Schutzengel gibt. Als wir nach dem Beinahezusammenstoß die Fahrt fortsetzten, sagte ich: ›Okay, ab jetzt glaube ich an euch!‹, und dankte meinen Engeln dafür, dass sie mich und meinen Freund beschützt hatten.«

Den Körper entgiften

Die Engel halten uns dazu an, unseren Körper zu entgiften. Vielleicht haben Sie selbst schon intuitive Impulse verspürt, Veränderungen in Ihrer Ernährung und Lebensweise vorzunehmen. Dabei handelt es sich um sehr reale Botschaften Ihrer Schutzengel, die keineswegs auf Einbildung beruhen.

Die Engel empfehlen uns, unserem Körper mit dem, was wir essen und trinken, keine Giftstoffe zuzuführen. Toxine senken unser Energieniveau und bewirken, dass wir uns schlapp und müde fühlen. Sie blockieren unsere Fähigkeit, himmlische Botschaften zu empfangen, und behindern unsere spirituelle Entwicklung.

Die Engel raten dazu, vor allem die folgenden Giftstoffe zu meiden:

• *Fleisch, Fisch und Eier, die mit Hormonen und Pestiziden belastet sind.* Da nahezu alle Fleischsorten und Tierprodukte (Milch, Eier, Käse usw.) gegenwärtig Hormon- und Pestizidrückstände enthalten, kann es eine Überlegung wert sein, sich vegetarisch zu ernähren oder wenigstens an ein oder zwei Tagen der Woche auf sämtliche Tierprodukte zu verzichten. Wenn Sie ein Bedürfnis nach tierischen Produkten verspüren, sollten Sie ausschließlich Bioerzeugnisse kaufen. In Bioläden und Reformhäusern erhalten Sie außerdem wunderbare Fleischersatzprodukte wie Seitan, Glutan, Tempeh und Tofu. In den letzten Jahren hat sich die vegetarische Küche beträchtlich weiterentwickelt. Wenn Sie schon länger keine vegetarischen Gerichte probiert haben, sollten Sie es unbedingt einmal wieder versuchen – sie schmecken heute wirklich köstlich und die Ersatzprodukte sind von echten Fleischprodukten kaum noch zu unterscheiden.

• *Pestizide in Obst und Gemüse.* Versuchen Sie, ausschließlich Erzeugnisse aus biologischem Anbau zu kaufen, wie sie inzwischen sogar in vielen Supermärkten angeboten werden. Auch auf Wochenmärkten finden sich oft Stände mit Bioware. Oder suchen Sie sich einen Biohof, wo Sie direkt beim Erzeuger kaufen können.

• *Giftstoffe in Getränken.* Die Engel raten uns, auf Alkohol, Koffein und kohlensäurehaltige Getränke ganz zu verzichten oder deren Konsum wenigstens deutlich zu reduzieren. Trinken Sie am besten Quellwasser und kein aufbereitetes Tafelwasser, denn die Engel betonen, dass wir Wasser in möglichst natürlicher Form zu uns nehmen sollten. Trinken Sie Fruchtsäfte nur frisch gepresst, da schon 20 Minuten nach dem Auspressen die Lebenskraft der Früchte schwindet. Tiefgekühlte Säfte oder Säfte aus Fruchtsaftkonzentraten enthalten zwar noch Vitamine, sind aber nicht so lebenspendend wie frisch gepresste Säfte.

• *Nitrate.* Meiden Sie geräucherte oder anderweitig konservierte Fleischwaren, wie Aufschnitt, Würstchen oder Speck. In Bioläden und Reformhäusern gibt es vorzügliche Ersatzprodukte aus Soja, die wie richtiges Fleisch aussehen, schmecken und riechen.

• *Giftstoffe in Toilettenartikeln.* Vermeiden Sie Natriumlaurylsulfat (Sodium Lauryl Sulfate), durch das Nitrate freigesetzt werden, und Propylenglykol, ein industrielles Frostschutzmittel. Lesen Sie die Inhaltsstoffangaben auf Lotionen, Zahncremes, Make-ups und Shampoos. Weleda gehört zu den wenigen Zahncremeherstellern, die kein Natriumlaurylsulfat verwenden. (Die Weleda-Pflanzenzahncreme und die Weleda-Calendula-Zahncreme sind ganz ausgezeichnete Produkte. Man bekommt sie in Drogerien, Reformhäusern und Bioläden.) Aubrey stellt hervorragende Lotionen her. Doch auch wenn Sie Kosmetikartikel im Bioladen oder Reformhaus kaufen, sollten Sie die Inhaltsangaben lesen, denn manche so genannten Naturprodukte enthalten dennoch Natriumlaurylsulfat und andere Toxine.

• *Giftstoffe in Haushaltsprodukten.* Meiden Sie Produkte mit folgenden Inhaltsstoffen: DEA (Diethanolamin), Cocamid-DEA, Natriumlaurylsulfat (Sodium Lauryl Sulfate), Natriumlaurethsulfat (Sodium Laureth Sulfate), Talg und synthetische Duftstoffe. Umweltverträgliche und gut biologisch abbaubare Reinigungsmittel erhalten Sie in Reformhäusern und Bioläden. Kaufen Sie außerdem kein Toilettenpapier, Küchenpapier und Taschentücher aus gebleichtem Papier, sondern nach Möglichkeit nur Recyclingprodukte.

Sie können den Entgiftungsprozess beschleunigen, indem Sie viel Flüssigkeit zu sich nehmen und für ausreichend Schlaf, Bewegung und frische Luft sorgen. Außerdem gibt es heute in den meisten Saftbars und Reformhäusern Weizengrassaft, der die rasche Ausscheidung von Schwermetallen und anderen Schadstoffen aus dem Körper unterstützt.

Die Engel sagen, dass sie mit uns daran arbeiten, die »Schwingungsfrequenz« unseres Körpers zu erhöhen. So wie eine Violinsaite mit zunehmender Höhe der gespielten Töne in immer schnellerer Frequenz vibriert, sind auch wir dabei, auf der spirituellen »Tonleiter« emporzusteigen. Dies geschieht, damit wir mit der ansteigenden Schwingungsfrequenz der Erde Schritt halten können.

Damit ist nicht gemeint, dass wir uns schneller als früher durch unseren Alltag bewegen oder dass wir immer geschäftiger und gehetzter werden. Der Anstieg unserer Schwingungsfrequenz bedeutet, dass unser Körper durchlässiger und empfänglicher für die höheren, feineren Frequenzen aus der Welt der Engel wird. Das macht uns intuitiver und kreativer und steigert unsere Vitalität.

In vielen Menschen, die sich mit Lichtarbeit beschäftigen, erwacht das Bedürfnis, sich vegetarisch zu ernähren. Dann werden sie allmählich dahin geführt, auf tierische Produkte völlig zu verzichten (vegane Ernährungsweise). Der nächste Schritt, zu dem sie intuitiv hingeleitet werden, besteht darin, sich ausschließlich von frischem Obst, Gemüse, Nüssen und Getreide zu ernähren. Und eines Tages werden wir alle eine Lebensweise entwickeln, die als »Prana-Ernährung« bezeichnet wird. Wir werden uns nur noch von *Prana* ernähren, der Lebensenergie, die wir mit der Atmung aufnehmen. Damit wird sich unsere Lebenserwartung drastisch erhöhen und ebenso unsere Fähigkeit, telepathisch zu kommunizieren.

Wenn Sie den Drang verspüren, bestimmte Speisen und Getränke aus Ihrer Ernährung zu streichen, sollten Sie Ihre Schutzengel bitten, Sie von jedem suchthaften Verlangen zu befreien, damit Sie die ungesunden Produkte nicht vermissen. Es wird Sie verblüffen, wie leicht es Ihnen fallen wird, ungesunde Nahrungsmittel und Getränke aufzugeben, wenn Sie die Engel bitten, Ihnen dabei zu helfen. Praktisch jede Woche treffe ich Menschen, die mir berichten, wie sie es mithilfe der Engel geschafft haben, ihr Verlangen nach Alkohol, Zucker, Weißbrot, Schokolade, Cola und anderen belastenden Produkten loszuwerden oder zumindest stark zu reduzieren. Auch ich konnte mich auf diese Weise völlig vom Verlangen nach Junk-Food und Kaffee befreien.

Hier ist ein wunderbares, in dieser Hinsicht sehr nützliches Gebet:

Liebe Engel,
bitte umgebt mich mit eurer heilenden Energie und helft mir, mein Verlangen nach ungesunden Speisen und Getränken aufzulösen. Bitte befreit mich von meinem Bedürfnis nach gesundheitsschädlichen Substanzen und stärkt meine Motivation, gesund zu leben und zu essen. Bitte zeigt mir, wie ich mich beim Einkaufen und Zubereiten von Nahrungsmitteln und insgesamt bei meinen Lebens- und Ernährungsgewohnheiten so verhalten kann, dass ich weder mich selbst noch meine Umwelt belaste und verunreinige. Mit großer Liebe danke ich euch für eure Hilfe.

Engelheiler, Engelhelfer

Viele Menschen erzählen mir auch, wie sie durch Gebete, durch Gespräche mit Gott oder indem sie die Engel um Hilfe baten von Krankheiten geheilt wurden. Fred Rothlisberger, ein Leser meiner Bücher, schickte mir den folgenden Bericht:

»Im Februar 1998 stand mir die mittlerweile dritte Rückenoperation bevor. Meine letzte Rückenoperation – wegen eines angeborenen Defekts – lag mehrere Jahre zurück. Ich machte mir Sorgen wegen der Narkose, da mir die Anästhesie immer sehr zugesetzt hatte und ich nachher nur sehr mühsam erwacht war.

Während ich im Garten unsere Hunde versorgte, hörte ich plötzlich eine innere Stimme. Sie sagte: ›Mach dir wegen der Operation keine Sorgen. Alles wird gut gehen. Gott hat hier auf Erden noch einige Aufgaben für dich.‹ *Ein tiefes Gefühl des Friedens überkam mich. Ich ließ die Operation durchführen. Die Ärzte fanden eine Zyste in meiner Wirbelsäule, die auf das Rückenmark drückte und die Ursache für meine Schmerzen war. Schon am Tag nach der Operation durfte ich das Krankenhaus verlassen.*

Ich genas sehr schnell. Das war schon die siebte Operation in meinem Leben, aber bei keiner der früheren habe ich einen solchen inneren Frieden gespürt und mich so rasch erholt.«

Eine Frau namens Shelly Long schaltete »rein zufällig« das Radio ein, als ich gerade bei einem Lokalsender in Phoenix, Arizona, im Studio zu Gast war. Shelly befand sich auf dem Weg zum Arzt, wo eine Biopsie eines Knotens vorgenommen werden sollte, den man in Shellys Brust entdeckt hatte. Sie hörte mich im Radio sagen: »Sie müssen Ihre Engel um Hilfe bitten. Ohne Ihre ausdrückliche Erlaubnis dürfen die Engel nur bei einer lebensbedrohlichen Situation eingreifen, wenn diese eintritt, bevor Ihre Zeit gekommen ist.«

Shelly hatte immer an die Existenz Gottes und der Engel geglaubt, aber sie hatte nie daran gedacht, die Engel bei ihrer Heilung um Hilfe zu bitten. Also sprach sie ein Gebet, in dem sie um ein heilendes Eingreifen der Engel nachsuchte. Dann parkte sie den Wagen vor der Arztpraxis. Während der Untersuchung konnte der Arzt den Knoten in Shellys Brust nicht finden. Seit Shellys letztem Besuch vor nur einer Woche war der Knoten spurlos verschwunden!

Die Engel lieben es, uns zu helfen, weil ihr Glaube grenzenlos ist. Wenn sie uns zu Hilfe eilen, tun sie das gern und voller Freude. Die Engel haben mich gelehrt, dass eine übermäßig ernste oder trübsinnige Haltung die Lage oft nur unnötig verschlimmert. Freude ist der Schlüssel zur Verwirklichung unserer Wünsche. Das gilt auch für den Wunsch nach körperlicher Heilung. Bei der Arbeit mit uns legen die Engel oft einen wunderbaren Sinn für Humor an den Tag, wofür Tina Needhams Geschichte ein schönes Beispiel ist:

»Ich habe viele Bücher gelesen, die ich als hilfreich und inspirierend empfand, doch erst Doreens Buch Divine Guidance* *gab mir ein wirkliches Werkzeug an die Hand, mit dem ich aktiv werden und anders an meine Probleme herangehen konnte. Ich probierte Doreens Vorschläge zur Beseitigung von inneren Blockaden und zur Meditation für mich aus und als ich das Buch zur Hälfte durchgearbeitet hatte, hatte ich mein erstes Erlebnis mit Engeln. Es war so ›alltäglich‹, dass ich immer noch lachen muss, wenn ich daran denke. Ich hörte kein Harfenspiel und hatte auch keine strahlenden Lichtvisionen.*

Eines Nachts lag ich neben meinem schlafenden Mann und bekam wegen einer schmerzhaften Halsentzündung kein Auge zu. Plötzlich hörte ich eine Frauenstimme in meinem

---

* Doreen Virtue: *Divine Guidance.* Bisher nicht in deutscher Sprache erschienen.

linken Ohr. Sie sagte: ›Die Halsschmerztabletten liegen in der untersten Nachttischschublade.‹ *Das war nun gewiss nicht die hochgeistige himmlische Botschaft, die ich mir erhofft hatte!*

Völlig irritiert versuchte ich meine Gedanken zu ordnen und weckte sogar meinen Mann, um herauszufinden, ob nicht vielleicht er etwas zu mir gesagt hatte (obwohl es eindeutig eine Frauenstimme gewesen war). Ich versuchte, mir das Erlebnis wegzuerklären. Ich war zutiefst skeptisch. Zudem nehme ich niemals Halsschmerztabletten, weil ich den Geschmack nicht mag. Ich schwang die Beine aus dem Bett und durchsuchte im Dunkeln die unterste Schublade meines Nachttischs, bis ich tatsächlich eine alte, klebrige Menthol-Halstablette fand. Ich bekam eine Gänsehaut. Sofort stand ich auf und machte mir ein paar Notizen zu dem Erlebnis. Es war drei Uhr nachts und ich werde es bestimmt niemals vergessen.«

Heilende Eingriffe in die Vergangenheit

Die Engel sind nicht an die Grenzen von Zeit und Raum gebunden. Das gilt auch für uns, aber wir glauben noch nicht genug an diese Tatsache, weswegen unser Zugang zu Zeit und Raum begrenzt erscheint.

Wenn es in Ihrer Vergangenheit Handlungen gibt, die Sie bedauern und die Ihre momentane Gesundheit beeinträchtigen, können die Engel für Abhilfe sorgen. Falls Sie Ihrem Körper durch Tabak-, Alkohol- oder Drogenkonsum geschadet haben, können die Engel Ihnen helfen, die negativen Auswirkungen dieser Verhaltensweisen aufzuheben. Dies wird sich positiv auf alle beteiligten Personen auswirken. So werden auch die schädlichen Effekte geheilt, die beispielsweise Ihr Zigarettenkonsum auf Ihre Mitmenschen hatte (etwa durch Passivrauchen).

Hier ist ein Gebet, das dazu beitragen kann, die negativen Auswirkungen der Vergangenheit aufzuheben:

Liebe Engel,
in der Vergangenheit habe ich im Umgang mit meinem Körper Fehler begangen. Daher bitte ich jetzt darum, dass alle Folgen dieser Fehler geheilt und aus der Welt geschafft werden, für alle Zeiten und für alle davon betroffenen Personen.

Unsere Lebensspanne

Zu dem Lebensplan, den wir vor unserer Inkarnation entwerfen, gehört auch die Festlegung der Lebenszeit, die wir auf Erden verbringen wollen. Gemeinsam mit unseren Engeln und Führern entscheiden wir, ob wir 40, 60 oder 100 Jahre leben wollen. Die meisten Menschen entscheiden sich für ein langes Leben, weil sie möglichst viel Zeit mit ihren Kindern und anderen geliebten Menschen verbringen möchten. Es gibt jedoch auch Personen, die ein kürzeres Leben wählen, entweder weil sie einfach nicht ein ganzes Jahrhundert auf Erden verbringen möchten oder weil es für sie nur eine kurze Lektion zu lernen gibt, ehe sie wieder in den Himmel zurückkehren.

Die neuen »Indigokinder«, von denen bereits die Rede war, verfügen über eine höhere Lebenserwartung als frühere Generationen. Viele dieser Kinder werden in der neuen Energie aufwachsen, die nach der Jahrtausendwende immer stärker das Leben auf der Erde bestimmt, und ein außerordentlich hohes Alter erreichen. Der Grund dafür ist, dass in Zukunft viele gesundheitsschädliche Faktoren, wie schlechte Ernährung, Stress und Luftverschmutzung, der Vergangenheit angehören werden. Die Menschen werden in einer sauberen Welt leben, wir werden uns weitaus gesünder ernähren und wir werden nicht länger Konkurrenzkämpfen und anderen ungesunden Aktivitäten nachgehen.

Die Engel können Ihnen sagen, wie hoch Ihre Lebenserwartung ist, wenn Sie das gerne wissen möchten. Wenn Menschen den Zeitrahmen ihres Lebens erfahren, hat das mehrere positive Folgen. Ich habe selbst bei vielen Menschen miterlebt, wie sie nahezu augenblicklich von Phobien geheilt wurden, wenn sie erfuhren, dass sie noch viele Jahre zu leben hatten. Sie konnten die Angst vor dem Tod hinter sich lassen, als ihnen klar wurde, dass das Ende noch keineswegs nahe war. Natürlich ist das keine Einladung, das Schicksal herauszufordern und ohne Fallschirm aus dem Flugzeug zu springen. Dennoch kann dieses Wissen vielen Leuten helfen, sich ein wenig zu entspannen.

Zweitens kann die Information über ihre Lebenserwartung Menschen dazu motivieren, hier und jetzt ihre Ziele zu verwirklichen, statt tatenlos auf die Zukunft zu warten. Sie widmen sich mit neuem Elan ihrer Karriere oder bestimmten Hobbys, weil ihnen klar wird, dass sie nur eine begrenzte Zahl von Jahren haben, um ihre Vorstellungen mit Leben zu erfüllen und sich an ihnen zu erfreuen.

Um Ihre Lebenserwartung herauszufinden, müssen Sie lediglich die Augen schließen und tief durchatmen. Fragen Sie dann Ihre Schutzengel: »Wie alt werde ich sein, wenn ich die physische Ebene verlasse und ins Jenseits zurückkehre? Wie alt werde ich in diesem Leben sein, wenn ich hinübergehe?«

Daraufhin werden Sie mehrere Zahlen hören, sehen oder einfach wissen. Die meisten Menschen hören zwei oder drei Zahlen, die sie sich als mögliches »Ausstiegsalter« gewählt haben. Die erste Zahl, die Sie hören, ist das Alter, in dem Sie nach Hause in den Himmel gehen können, wenn Sie Ihre Mission beendet haben und sich dafür entscheiden weiterzureisen. Doch wenn Sie möchten, können Sie auch beschließen, länger zu bleiben und bis zu dem Alter weiterzuleben, das sie als Zweites oder Drittes hören.

Wenn Sie ein Alter hören, das Sie bereits überschritten haben, sollten Sie einen Moment darüber nachdenken, was Ihnen in jener Zeit widerfahren ist. Waren Sie deprimiert, krank, dachten Sie an Selbstmord oder hatten Sie einen Unfall? Wenn ja, haben Sie sich seinerzeit dafür entschieden, länger auf der Erde zu bleiben, bis zu einem der höheren Lebensalter, die Sie ursprünglich als Alternativen ausgewählt hatten.

Falls Sie zu jenen Seelen gehören, die sich dafür entschieden haben, im neuen Jahrtausend hier zu sein, haben Sie gute Aussichten, außerordentlich lange zu leben und mehrere hundert oder sogar mehrere tausend Jahre alt zu werden.

Wie ich schon erwähnte, wird unsere Lebenserwartung durch die bevorstehenden energetischen Veränderungen enorm ansteigen.

Wir alle verfügen über einen freien Willen und darum glaube ich, dass wir immer die Möglichkeit haben, länger oder weniger lange inkarniert zu bleiben, als wir es ursprünglich geplant hatten. Sollte Ihnen also die Lebenserwartung nicht gefallen, die Ihnen mitgeteilt wurde, können Sie sich für eine andere Zahl entscheiden. In dem Buch *Ein Kurs in Wundern** heißt es, dass niemand stirbt, ohne dazu sein Einverständnis gegeben zu haben. Also treffen Sie selbst die Entscheidung und die Engel werden Ihnen helfen, sich diese Wünsche zu erfüllen.

---

* *Ein Kurs in Wundern.* Greuthof, Gutach 1994.

Gebet um Gesundheit und Heilung

Lieber Gott,
ich weiß, dass du mich nach deinem perfekten Ebenbild erschaffen hast. Ich bitte darum, dass du, der Heilige Geist und der Erzengel Raphael mir jetzt helfen, vollkommene Gesundheit in meinem Körper zu erleben. Ich bin bereit, mich von all den Gedanken und Verhaltensweisen zu lösen, durch die die Illusion von Krankheit und Schmerz aufrechterhalten wird. Ich weiß, dass du allgegenwärtig bist, und daher existierst du auch in jeder Zelle meines Körpers. Bitte, hilf mir, deine Liebe in meinem physischen Körper zu spüren, sodass ich hier und jetzt erfahre, wie du mich in deinen Armen wiegst. Amen.

Gebet um Gesundheit für einen geliebten Menschen

Lieber Gott,
ich danke dir, dass du den Erzengel Raphael und die Engel der Heilung ans Bett dieses Menschen schickst, den ich sehr liebe. Ich sehe jetzt, wie du, der Heilige Geist, Raphael und die Engel diesen Menschen, ____________, umarmen. Ich stelle mir vor, dass ____________ mich anlächelt und sich wohl fühlt. Ich weiß, dass er / sie jetzt in Wahrheit gesund und wohlauf ist, und ich bitte um deine fortdauernde Hilfe, Gott, damit dieser Frieden und diese Gesundheit zu einem festen Bestandteil unserer Alltagserfahrung werden. Dein Wille geschehe.

Gebet um Motivation für eine gesunde Ernährung

Lieber Gott,
heute habe ich beschlossen, dass ich ab jetzt nur noch Appetit auf gesunde Speisen und Getränke verspüre. Ich bin bereit,

mich von allen Ängsten zu lösen, die mich veranlassen, zu wenig, zu viel oder das Falsche zu essen. Ich weiß, dass du mich in jedem Augenblick meines Lebens sicher führst und leitest, auch dann, wenn ich esse und trinke. Ich bitte dich, mich auch weiterhin mit deiner göttlichen Weisheit und deinem Frieden zu segnen, damit alle meine Entscheidungen bezüglich meiner Ernährung aus meinem höheren Selbst kommen. Danke und Amen.

Gebet für gesunden Schlaf

Mein Schöpfer,
bitte, schenke mir heute Nacht einen gesunden und erholsamen Schlaf. Ich bitte darum, dass während der Nacht Schutzengel im Norden, Süden, Osten und Westen meines Zuhauses postiert sind. Ich visualisiere, dass mein Heim vom schützenden weißen Licht deiner göttlichen Liebe umhüllt ist. Ich bin bereit, dir und den Engeln alle meine Sorgen und Ängste zu übergeben, sodass meine Seele leer und leicht wird für die Nacht. Bitte, sende mir tröstende Engel, damit ich mich eines wundervollen und guten Schlafs erfreuen kann.

Gebet zur Fitnessmotivation

Lieber Gott,
bitte motiviere mich dazu, gut für meinen Körper zu sorgen. Ich bitte dich, mir zu helfen, dass ich meinem Körper ausreichende und gesunde Bewegung verschaffe, mich gut ernähre und für genügend Ruhe und Erholung sorge. Bitte stärke meinen Glauben an meine Fähigkeit, körperlich fit zu werden und zu bleiben. Bitte zeige mir, wie ich am besten für mich sorge. Wenn meine Motivation nachlässt oder ich mein Fitnesstraining hinausschiebe, dann stärke bitte meine Entschlossenheit und mein Durchhaltevermögen. Danke. Amen.

Gebet für die Befreiung von Süchten

Lieber Gott, Heiliger Geist, liebe Engel,
ich weiß, dass meine Süchte in Wirklichkeit Ausdruck meiner Sehnsucht nach der göttlichen Liebe sind. Bitte, erfüllt mich ganz mit eurer unerschöpflichen Liebe. Ich bin bereit, mich von allen Ängsten zu befreien, die mich davon abhalten, eure Liebe wirklich zu spüren. Ich bitte darum, von allen Glaubenssätzen, Lebensmustern, Gefühlen und Gedanken befreit zu werden, die Auslöser meines Suchtverhaltens sind. Bitte, führt mich zu Menschen und Erfahrungen, die mein Verlangen, frei von allen Süchten zu leben, uneingeschränkt unterstützen. Ich übergebe jetzt alle meine Süchte dir, lieber Gott, und bitte um zusätzliche Engel, die mich mit dem Licht der Gesundheit und des Friedens umgeben. Bitte, hilf mir jetzt und allezeit. Amen.

*

Unsere Gesundheit und unser ganzes Lebensgefühl stehen in engem Zusammenhang mit unserer beruflichen Tätigkeit und die Engel möchten uns auch bei der Heilung unseres Berufslebens und unserer Finanzen zur Seite stehen. Im nächsten Kapitel werden Sie sehen, wie die Engel uns helfen können, unsere Lebensaufgabe zu finden und unseren beruflichen Werdegang sinnvoll und erfüllend zu gestalten.

5. KAPITEL

Lebensaufgabe und Beruf

Die Engel helfen dabei, uns mit unserer Berufslaufbahn zu versöhnen, und sie verhalten sich sehr mitfühlend gegenüber Menschen, die glauben, beruflich den falschen Weg eingeschlagen zu haben. Die Engel sehen unsere verborgenen Talente und wissen, dass wir anderen am besten helfen – und gleichzeitig selbst Freude daran finden können –, wenn wir in einem Beruf arbeiten, der unseren natürlichen Neigungen entspricht.

Viele Menschen kommen zu mir, weil sie auf der Suche nach ihrer Lebensaufgabe sind. Die Engel helfen uns gern dabei, uns an die Mission zu erinnern, die wir uns vor unserer Inkarnation ausgesucht haben. Manchmal, wie im Fall meiner Klientin Amy, kommt diese Hilfe in Form eines psychologischen Rats:

AMY: Gibt es eine Botschaft meiner Engel dazu, welchen Weg ich im Leben einschlagen soll?

DOREEN: Ich höre alle Ihre Engel sagen: »Folge deiner inneren Wahrheit!« *Wie es scheint, sind Sie in beruflicher Hinsicht prinzipiell auf dem richtigen Weg, aber Sie gehen noch zu viele Kompromisse ein, wenn es um die Erfüllung*

Ihres Herzenswunsches geht. Die Engel sagen mir, dass Sie zu rational an die Sache herangehen und zu wenig auf Ihre Gefühle hören. Und Sie sollten nicht so krampfhaft um Hilfe beten. Die Antwort auf Ihre Gebete wurde Ihnen bereits gegeben und Sie sind sich dessen auch bewusst: Stehen Sie aufrichtig zu sich selbst und unternehmen Sie aktive Schritte, um dieser Aufrichtigkeit Ausdruck zu verleihen. Gott und die Engel werden Sie dabei auf liebevolle Weise Schritt für Schritt führen. Und seien Sie gewiss, dass sie Sie niemals auffordern werden, irgendetwas zu tun, das Ihnen oder anderen Menschen schaden könnte.

Wie Sie Ihre Lebensaufgabe finden

»Was ist meine Bestimmung?«, lautet eine der häufigsten Fragen, die mir von meinen Klienten gestellt wird. Sie fragen danach, weil sie sich danach sehnen, mit ihrer Arbeit einen positiven Beitrag für die Welt zu leisten. Wir alle besitzen unsere göttliche Mission, eine Aufgabe, die wir uns für dieses Leben vorgenommen haben. Gott, unsere Führer und unsere Engel helfen uns vor unserer Inkarnation dabei, diese Aufgabe auszuwählen und zu gestalten. Sie stellen sicher, dass diese Bestimmung in Einklang ist mit unseren natürlichen Talenten und Interessen. Außerdem ist es Teil des Plans, dass uns genug Zeit, Geld, Intelligenz, Kreativität und andere Ressourcen zur Verfügung stehen, um unsere Mission vollständig zu erfüllen.

Bei Annette handelte es sich um eine verwitwete Rentnerin, die gerne mehr über ihre Bestimmung erfahren wollte und den starken Wunsch verspürte, etwas Positives zum Leben beizutragen. Wie die Engel ihr erläuterten, müssen wir unsere Lebensaufgabe aber nicht notwendigerweise in einer bezahlten Berufstätigkeit verwirklichen.

ANNETTE: Ich möchte wissen, was meine Lebensaufgabe ist, denn ich möchte etwas tun, was der Menschheit hilft.

DOREEN: Ihre Engel sagen, dass Sie das bereits tun. Sie sagen: »Nicht jede Bestimmung drückt sich in Form eines Vollzeitjobs mit monatlicher Gehaltsüberweisung aus. Es gibt Lebensaufgaben, bei denen es einfach nur darum geht, zentriert und fröhlich zu sein, während man einkaufen geht. Du bist eine Botin des göttlichen Lichts und der Liebe. Du bist Vorbild für viele, was eine scheinbar wenig spektakuläre, aber dennoch sehr wichtige Bestimmung ist. Ein Vorbild muss nicht notwendigerweise jemand sein, der eine herausragende gesellschaftliche Rolle spielt und über den die Zeitungen berichten. Es kann ein Mensch wie du sein, dessen Mitgefühl, Sanftmut und innerer Friede vorbildlich sind.« Die Engel zeigen mir, dass dies Ihre Qualitäten sind und dass Sie damit großen Eindruck auf andere machen. Auch zeigen sie mir, dass Gärtnern für Sie eine Art Therapie ist.

ANNETTE: O ja, ich arbeite wirklich gern im Garten!

DOREEN: Die Engel empfehlen Ihnen das ausdrücklich und sagen: »Wenn du gärtnerst, leistest du durch den inneren Frieden, den du dabei verspürst, einen wertvollen Beitrag für die Welt. Jeder friedliche Gedanke, den du denkst, geht hinaus in die Welt und wirkt sich auf andere Menschen aus, so wie andererseits auch negative Gedanken ausgestrahlt werden und die Mitmenschen belasten, wie etwa Zigarettenrauch einen Nichtraucher belastet. Wenn du gärtnerst, spielen deine Gedanken eine wunderschöne Musik, die wohltuende Resonanzen in den Sphären erzeugt.« Ihre Engel segnen Sie ausdrücklich für diese wertvollen Beiträge zum Wohle aller.

Die Engel sagen, dass man nicht unbedingt einer geregelten Berufstätigkeit nachgehen muss, um einen positiven Beitrag für die Welt zu leisten. Wenn Sie gerne ehrenamtliche Arbeit leisten möchten, empfehlen die Engel Ihnen das Engagement innerhalb einer sozialen Einrichtung, zum Beispiel in einem Hospiz. Dabei würde Ihre Aufgabe darin beste-

hen, die Patienten zu besuchen, ihnen liebevoll die Hand auf die Schulter zu legen und ihnen ein paar freundliche Worte zu schenken. Bringen Sie ihnen Tee. Und während Sie das tun, strahlt Ihre liebevolle, heilende Energie auf diese Menschen aus.

ANNETTE: Ja, ich habe tatsächlich schon überlegt, als freiwillige Helferin in einem Hospiz mitzuarbeiten.

DOREEN: Nun, die Engel sagen, wenn Sie gern regelmäßig etwas außer Haus tun möchten, sei die Mithilfe in einem Hospiz eine Arbeit, die Ihnen Freude machen würde und bei der Sie viel bewirken können. Sie zeigen mir, wie Sie in die Zimmer der Patienten gehen und ihnen auf ganz schlichte, stille und liebevolle Weise Trost spenden. Dabei geht die heilende Wirkung weniger von dem aus, was Sie sagen, als von Ihrer liebevollen Ausstrahlung.

ANNETTE: Ja, darin wäre ich bestimmt recht gut.

DOREEN: Aber Ihre Engel drängen Sie keineswegs dazu, eine solche Aufgabe zu übernehmen, Annette. Die Engel sagen: »In deiner momentanen Lebensphase solltest du dir mehr Zeit für dich selbst nehmen, dich entspannen und das Leben genießen. Achte darauf, dir nicht zu viel aufzubürden.«

ANNETTE: Ja, da haben die Engel bestimmt Recht. Viele Jahre lang war ich immer sehr beschäftigt.

DOREEN: Die Engel möchten nicht, dass Sie sich selbst unter Druck setzen oder dass Sie Schuldgefühle entwickeln, wenn Sie weniger tun als früher. Den Engeln zufolge leisten Sie jedes Mal einen positiven Beitrag für die Welt, wenn Sie einen friedvollen Gedanken denken.

Wie Annettes Engel ihr erklärten, besteht unsere wichtigste Mission darin, in Frieden mit uns selbst zu leben. Daher geht es bei unserer Lebensaufgabe mehr ums »Sein« als ums »Tun«. Doch das Bedürfnis, etwas für andere zu tun, ist bei vielen Menschen sehr ausgeprägt. Viele treibt die Angst um, sie könnten sterben, ohne ihrem Leben Sinn und Bedeutung verliehen zu haben.

In der folgenden Sitzung spreche ich mit meiner Klientin Stella über die Erkenntnis, dass wir beinahe schon instinktiv danach streben, unsere Bestimmung zu erfüllen:

STELLA: Ich fühle den starken inneren Drang, meine Bestimmung zu erfüllen, für die ich auf die Erde gekommen bin.

DOREEN: Ja, das ist ganz natürlich.

STELLA: Und dieses Gefühl, dieser Impuls lässt auch mit den Jahren nicht nach.

DOREEN: Nein, das kann er auch nicht. Der Drang, unsere Bestimmung zu erfüllen, ist ein außerordentlich starker Instinkt.

STELLA: Jetzt, da ich älter werde – ich bin Anfang 40 –, habe ich das Gefühl, dass mir nicht mehr so viel Zeit bleibt. Ich muss »es« endlich in Angriff nehmen, was immer »es« ist.

DOREEN: Richtig. Aber Bestimmungen müssen sich nicht immer in Gestalt einer bezahlten Arbeit erfüllen. Es ist schön, wenn das geschieht, aber vergessen Sie darüber nicht, wie sehr Sie anderen Menschen allein schon dadurch helfen, dass Sie mit Ihnen sprechen, Ihnen zuhören und Ihnen Erkenntnisse vermitteln. Wir werden nachher während unseres Readings mit Ihren Engeln sprechen und hören, was sie über Ihre Lebensaufgabe zu sagen haben. Tief im Inneren wissen Sie bereits, worin Ihre Mission in diesem Leben besteht. Sie haben es nur vergessen und die Engel werden Sie daran erinnern, wenn Sie sie darum bitten.

Eine spirituell bedeutungsvolle berufliche Tätigkeit

Manchmal sagen mir meine Klienten, dass sie sich danach sehnen, der Welt durch eine Berufstätigkeit zu helfen, die mit Spiritualität zu tun hat. Doch viele Leute leisten wertvolle Beiträge für die Welt, die äußerlich überhaupt nicht auffallen. Die Lebensaufgabe mancher Menschen besteht beispielsweise darin, dem Planeten Licht zu schicken. Damit ist gemeint, dass sie als leuchtende Erdenengel hierher geschickt wurden, um dem Körper und der Atmosphäre der Erde heilende Gedanken und Energie zu senden, wodurch die schädlichen Auswirkungen der Umweltverschmutzung und der menschlichen Negativität neutralisiert werden. In der folgenden Sitzung sprechen meine Klientin Belinda und ich über die Wirkung, die Belindas ansteigende Schwingungsfrequenz auf die Welt hat.

BELINDA: Können Sie mir helfen, Klarheit über meine Bestimmung in diesem Leben zu gewinnen? Lange habe ich geglaubt, meine Bestimmung läge darin, in einer wirklich wunderbaren Zweierbeziehung zu leben und dann die gemeinsame Schwingungsfrequenz von mir und meinem Partner zu erhöhen. Doch da es mir nicht gelingt, eine solche dauerhafte Beziehung aufzubauen, frage ich mich in letzter Zeit, ob meine Mission nicht noch etwas anderes beinhaltet.

DOREEN: Ja, Ihre Bestimmung hat etwas zu tun mit dem Anheben Ihrer Schwingungsfrequenz. Indem Sie Ihre Frequenz anheben, tragen Sie zur Anhebung der Energie auf der ganzen Welt bei und leisten damit einen wertvollen Dienst. Aber außerdem lernen Sie, ein Gleichgewicht zu finden zwischen Bescheidenheit und Demut einerseits und wahrer Selbstliebe andererseits. Es gibt in Ihrem Leben einige persönliche, intime Probleme und gegenwärtig lernen Sie, diesen Bereich ins Gleichgewicht zu bringen. Das wird es Ihnen ermöglichen, besser mit anderen Menschen zurechtzukommen. Auch lernen Sie, Ihrer inneren Wahrheit besser Ausdruck zu verleihen, was für Sie sehr heilsam ist.

Außerdem ist es Teil Ihrer Bestimmung, Lehrerin zu sein. Daher sind Kunst, Schreiben und andere kreative Ausdrucksformen für Ihre persönliche Entwicklung wirklich wichtig. Ich sehe ein Bild von Ihnen, auf dem Sie inmitten vieler Zeitungen sitzen. Am Anfang unserer Sitzung habe ich gesehen, wie Sie dasaßen und etwas aufschrieben. Diesen Weg sollten Sie unbedingt weiterverfolgen. Vielleicht können Sie damit beginnen, dass Sie ein Tagebuch führen, und dann sehen, was weiter daraus entsteht.

BELINDA: Ja, ich schreibe wirklich gern.

DOREEN: Die Engel zeigen mir außerdem, dass es eine gute Idee wäre, wenn Sie Ihre Umgebung mit rosaroten Rosen schmücken.

BELINDA: O ja! Schon der Gedanke daran öffnet mir das Herz!

DOREEN: Das sollte es auch, denn rosarote Rosen fördern die Öffnung des Herzchakras.

Die Künstlerseele

Ich habe festgestellt, dass die Menschen am glücklichsten sind, wenn sie in Berufen arbeiten, die ihren wahren Herzensinteressen und Neigungen entsprechen. Künstlerisch begabte Menschen wie meine Klientin Eileen sollten möglichst in kreativen Berufen arbeiten. Manche Leute glauben, mit künstlerischen Tätigkeiten nicht genug Geld verdienen zu können, doch wenn wir unsere kreativen Ressourcen anzapfen, können wir viele praktische und wunderbare Möglichkeiten entdecken, wie wir mit künstlerischer Arbeit Geld verdienen können:

EILEEN: In meinem Alter kann ich mir nicht mehr viele berufliche Fehlentscheidungen leisten. Darum bitte ich meine Engel um Führung. Bin ich auf dem richtigen Weg, wenn ich mich der Vermarktung dieses Computerprodukts widme, oder sollte ich besser etwas anderes tun? Ich bin müde und verwirrt und will keine aufreibende Vollzeitarbeit.

DOREEN: Ihre Engel danken Ihnen dafür, dass Sie sie in dieser Frage konsultieren. Sie möchten Sie daran erinnern, dass

Sie als Mitglied eines Teams arbeiten und dass diese Teamarbeit ganz ausgezeichnet Ihrem Naturell entspricht. Die Engel schlagen überdies vor, sie zusätzlich in anderen Lebensbereichen um Rat zu fragen, zum Beispiel auch, was Ihre zwischenmenschlichen Beziehungen angeht.

Die Engel sagen, dass Sie über echtes künstlerisches Talent verfügen, dem Sie auf jeden Fall Raum geben sollten. Sie könnten einen Beruf ergreifen, der Ihnen Freude macht, und nebenbei Ihrer wahren Leidenschaft frönen. Verwechseln Sie diese beiden Bereiche nicht. Glauben Sie nicht, Sie müssten sich abquälen und Geld verdienen, bis dann irgendwann Ihre große Chance als Künstlerin kommt. Die Tätigkeit im Computermarketing, die Sie momentan ausüben, verträgt sich nicht mit Ihren wahren Interessen. Sie tun diese Arbeit nur, weil Sie das Geld brauchen. Und wenn wir das tun, hat das leider zur Folge, dass wir weit weniger Geld verdienen, als es uns unter anderen Umständen möglich wäre – und außerdem macht uns die Arbeit keinen Spaß!

Es wartet bereits eine andere Stelle auf Sie. Ich sehe eine Boutique oder eine andere Art von Laden. Es ist eine stressarme, fröhliche Arbeit mit netten Kundinnen. Das wird gleichzeitig Ihrer zweiten Karriere (einer freiberuflichen kreativen Tätigkeit) den nötigen Schub geben, weil Sie sich wohl fühlen und finanziell abgesichert sind.

EILEEN: Danke. Ich möchte gerne wissen, wer meine Engel sind. Und diese andere kreative Karriere, könnte sie etwas mit Catering zu tun haben?

DOREEN: Catering würde ganz sicher in die Parameter passen, die mir von Ihren Engeln gezeigt werden. Alles, bei dem Sie Ihr künstlerisches Talent einbringen können, wäre bestens geeignet! Sie sind von mehreren Engeln umgeben, darunter Gabriel, der Engel der Kunst und der Kommunikation. Außerdem sind Hoziel und Chamuel bei Ihnen und ein männlicher Engel, der mir verdeutlicht, dass er Oscar heißt.

Engelkraft fürs Geschäft

Bei einer Gruppe von Heilern, die alle ihre eigene Privatpraxis betrieben, hielt ich eines Abends einen Vortrag, in dem ich mich damit befasste, wie sie mithilfe der Engel ihren Beruf erfolgreicher ausüben könnten. Während meines Referats erwähnte ich, dass die Heiler die Engel nur darum zu bitten brauchten, für mehr Zulauf in ihrer Praxis zu sorgen. Dazu müssten sie lediglich ein Gebet wie dieses sprechen: »Ich bitte darum, dass alle Menschen, für die eine Behandlung durch mich segensreich wäre, von den Engeln in meine Praxis geführt werden.«

Elisabeth, eine Zuhörerin des Vortrags, hatte mit diesem Gebet unmittelbar Erfolg. Sie schrieb mir: »Ich nahm an Ihrem Vortrag teil, bei dem Sie uns die Affirmationen empfahlen, mit deren Hilfe wir die Zahl unserer Klienten steigern könnten. Das habe ich unverzüglich in die Tat umgesetzt und praktiziere es seither täglich. Praktisch über Nacht stellten sich Ergebnisse ein: Mir wurde eine ganze Reihe neuer Patienten überwiesen.«

Nancy, eine meiner anderen Schülerinnen, bat ihre Engel, ihr beim Aufbau einer Karriere als Vortragsrednerin zu helfen. Hier ist die Geschichte, wie die Engel ihr halfen, ihren Wunsch zu verwirklichen und öffentlich zu sprechen:

»Ich bin dabei, mir eine neue Karriere als Motivationsrednerin aufzubauen, und suchte schon seit einiger Zeit in meinen Meditationen nach Antworten, wie ich ein geeignetes Publikum finden kann. Als ich durch die Meditation innere Stille erlangt hatte, gelang es mir, die göttliche Führung meiner Engel zu hören. Zuerst ermutigten meine Engel mich, die seelische Blockade näher anzuschauen, die mich davon abhielt, wirklich konsequent auf die Erfüllung meines Wunsches hinzuarbeiten. Sie ermutigten mich, diesen negativen Glaubenssatz fallen zu

lassen. Ich entdeckte, dass mein Ego Angst hatte, ich wäre nicht qualifiziert genug und es mangele mir an den nötigen Referenzen. Also schrieb ich diese Sorge zusammen mit einigen anderen auf einen Zettel und verbrannte ihn in einer kleinen Zeremonie. Ich schrieb positive Affirmationen bezüglich meiner Qualifikation und Eignung als Motivationsrednerin und Seminarleiterin auf kleine Zettel, die ich überall im Haus gut sichtbar anbrachte.

Ein paar Wochen später fand ich die erste Anfrage für einen Vortrag auf meinem Anrufbeantworter vor. Ich wollte schon zurückrufen, als eine sanfte innere Stimme zu mir sagte: ›Geh erst in die Bibliothek und mach einen kurzen Entwurf für dein Vortragskonzept, ehe du anrufst.‹ Ich befolgte diesen Rat und machte mir einige Notizen. Die Anruferin erkundigte sich, ob ich ein Seminar über Marketing halten könnte. Mit meinem Entwurf vor Augen konnte ich ihr voll Selbstvertrauen erklären, wie mein Arbeitskonzept aussah – und ihr auch gleich schon einen Titel für das Seminar nennen! ›Hervorragend‹, sagte sie. ›Genügen Ihnen drei Stunden oder hätten Sie gern mehr Zeit zur Verfügung?‹ Dank meiner göttlichen Führung hatte ich soeben mein erstes größeres Engagement erhalten!

Bis zu dem vereinbarten Termin hatte ich noch acht Wochen Zeit, die ich nutzte, um meine Chakren zu reinigen und den Botschaften meiner göttlichen Führung zu lauschen. Täglich veranlassten die Engel mich, am Computer einige Seiten zu schreiben. An einem Tag drängten sie mich dazu, einen Lebenslauf zu verfassen, in dem ich meine bisherigen beruflichen Erfahrungen zusammenfasste. Am nächsten Tag bat die Seminarveranstalterin mich, ihr meine biografischen Angaben und das Seminarkonzept zu faxen. Eine Woche später verschickte sie Hunderte von Broschüren mit diesen Informationen. Hätte ich nur einen Tag länger gewartet, wäre es zu spät gewesen. Die Engel hatten mich also genau zur rechten Zeit ›angetrieben‹.

Einer meiner Schutzengel schlug vor, ich solle die Lokalzeitung kontaktieren, um für etwas Publicity zu sorgen. Doch dort hieß es, sie hätten kein Interesse. Ein paar Tage später meinten die Engel: ›Los, ruf sie noch einmal an. Sei freundlich, aber hartnäckig.‹ Das erschien mir zwar reichlich verrückt, aber ich rief trotzdem an. Ich dachte auch an die Bedürfnisse der Zeitung und wies darauf hin, wie gut eine Ankündigung meines Vortrags in ihren Lokalteil passen würde. Am Morgen des Seminars berichtete eine Nachbarin mir aufgeregt: ›Die Ankündigung Ihres Seminars stand gestern in der Zeitung!‹ Das war der einzige Tag gewesen, an dem ich selbst keine Zeitung gekauft hatte, aber sie gab mir freundlicherweise ihre. Und da stand die Ankündigung – auf der ersten Seite des Wirtschaftsteils!

Während des Seminars war ich ganz begeistert von der Energie meines Publikums. Ich spürte, dass es für alle Beteiligten eine wunderbare Erfahrung war. Der Chef der Seminarorganisation schrieb mir später: ›An den strahlenden Gesichtern im Publikum konnte ich ablesen, dass Sie den richtigen Ton getroffen und die Leute wirklich berührt haben.‹ Seither lasse ich mich in meiner Karriere als Seminarleiterin und Vortragsrednerin weiter von den Engeln führen und inspirieren.«

Die Engel kümmern sich auch um unser Äußeres

Die Engel erinnern mich an gute Trainer, die uns dabei helfen, bei der Arbeit stets unser Bestes zu geben. Sie bereiten uns in jeder Hinsicht auf unsere »großen Augenblicke« vor – intellektuell, spirituell, mental und körperlich. Beispielsweise machte sich mein Mann Michael eines Morgens bereit für seinen Arbeitstag im Büro. Er hatte erst am Nachmittag Termine mit Klienten und wusste, dass er den ganzen Morgen allein verbringen würde. Also beschloss er, sich die Rasur zu sparen und den Rasierapparat mitzunehmen, um sich später im Büro zu rasieren. Als er ihn gerade einpackte, hörte er eine Stimme sagen: *»Nimm besser auch das Stromkabel mit.«* Michael kam das seltsam vor, da sein Rasierer mit Akkus funktionierte, die er erst kürzlich neu aufgeladen hatte. Trotzdem hörte er auf die Stimme und packte die Schnur mit ein. Drei Stunden später, als Michael sich vor dem Waschbecken in seinem Büro rasierte, gaben die Akkus des Rasierapparates plötzlich den Geist auf. »Hätte ich das Kabel nicht eingepackt, hätte ich die wichtigen Klienten, die ich am Nachmittag erwartete, unrasiert empfangen müssen«, erzählte er mir.

Ein aufmunternder Klaps auf die Schulter

Eine Frau namens Patricia erzählte mir diese bezaubernde Geschichte: »Ich hatte fleißig an einem sehr komplizierten Dokument gearbeitet. Als ich damit fertig war, sagte ich im Stillen zu meinen Engeln: ›Dafür habe ich etwas Lob verdient.‹ Ich lieferte das Dokument bei meinem Klienten ab. Später rief er mich an und bedankte sich für meinen kreativen Einsatz. Und das von einem Mann, der seinen Angestellten noch nie auch nur das kleinste Kompliment gemacht hat! Meine Engel und ich freuten uns sehr!«

Stressmanagement

Die Engel sagen mir immer wieder: *»Stress ist immer selbst gemacht.«* Mit anderen Worten, wir entscheiden uns selbst dafür, ob wir unter Stress stehen wollen oder nicht. Vielleicht reden wir uns ein, andere Leute oder die äußeren Umstände zwängen uns, etwas gegen unseren Willen zu tun, aber letztendlich haben wir die Freiheit und die

Kraft, Nein zu sagen und uns äußerem Druck nicht zu beugen. Die Engel sagen, es wirke sehr befreiend, wenn wir uns klarmachen, dass uns diese Option immer offen steht. Es befreit uns von dem Stress, der aus dem Gefühl entsteht, ein Sklave in Ketten zu sein.

Wir haben viel mehr Kontrolle über unseren Alltag, als wir glauben. Um das zu erkennen, müssen wir nur einmal testen, wie stark unser Denken alles beeinflusst, was uns während des Tages widerfährt. Die Engel haben mich gelehrt, wie wichtig es ist, morgens zuallererst unsere Ziele für den Tag festzulegen. Entscheiden Sie, wie dieser Tag für Sie verlaufen soll, dann wird es auch so geschehen. Wenn Sie zum Beispiel erwarten, dass Ihnen ein furchtbar hektischer und anstrengender Tag bevorsteht, wird diese Erwartungshaltung sich auch erfüllen. Doch wenn Sie etwas mehr Ruhe haben möchten und zum Beispiel nicht durch überflüssige Telefonanrufe gestört werden wollen, bitten Sie Ihre Engel doch einfach, die Anrufe für Sie zu überwachen. Menschen, die normalerweise wegen jeder Kleinigkeit anrufen, können so dazu inspiriert werden, nur dann anzurufen, wenn es wirklich wichtig ist.

Auch meine Schülerin Bonnie entdeckte dieses Geheimnis eines Tages. Bonnie, die als Handelsvertreterin arbeitet, wachte eines Morgens auf und sagte zu ihren Engeln: »Ich würde heute gerne zu Hause arbeiten.« Zu ihrer Verblüffung schienen alle an diesem Tag ankommenden Telefonate göttlich geführt zu sein. Sie erinnert sich: »Alle Leute, die anriefen, wollten Termine für die folgende Woche verabreden. Das gab mir an jenem Tag die Zeit, zu Hause einige längst überfällige Arbeiten zu erledigen. Seither mache ich es immer so, dass ich selbst die Kontrolle über meinen Tag übernehme, statt mir meinen Zeitplan von außen diktieren zu lassen. So kann ich Projekte, die ich früher tagelang als Ballast mit mir herumschleppte, viel rascher und zügiger erledigen.«

Die Engel können Ihnen wunderbar als hilfreiche Bürokräfte und Assistenten dienen. Laden Sie Ihre Engel regelmäßig zum Brainstorming ein, um neue, kreative Ideen zu entwickeln. Bitten Sie sie, sich um Ihre Telefonanrufe zu kümmern, um Besucher und Termine. Sie werden dann dafür sorgen, dass Sie pünktlich zu Besprechungen eintreffen und dass Ihnen, wenn Sie zu wichtigen Terminen unterwegs sind, nichts in die Quere kommt.

Geschäftsreisen

Ich bin fast jedes Wochenende unterwegs, um in einer anderen Stadt, manchmal auch in mehreren Städten, Seminare abzuhalten. Das würde, rein statistisch gesehen, normalerweise wohl zu allerlei Problemen und Verspätungen führen. Doch wenn Sie Ihre Engel mit auf die Reise nehmen, beinflusst das die Statistik sehr zu Ihren Gunsten!

Auf dem Flughafen von Atlanta war an einem Sonntagabend praktisch der ganze Verkehr zusammengebrochen, weil überall im Land heftige Stürme tobten. Zusammen mit Tausenden anderer Reisender versuchte ich noch einen Flug zu erwischen. Delta war die einzige Fluglinie, die überhaupt noch flog; sämtliche anderen Gesellschaften hatten ihre Flüge gestrichen. Also strömten alle Leute ins Delta-Terminal, um einen Sitzplatz in einer der wenigen Maschinen zu ergattern.

Die Delta-Maschine nach Los Angeles, in der ich schließlich einen Platz bekam, stand 30 Minuten auf dem Rollfeld, dann teilte der Pilot mit, dass der Flug wegen technischer Probleme gestrichen würde und wir wieder aussteigen und uns Plätze in anderen Maschinen suchen müssten.

Wir kehrten ins Terminal zurück, wo sich bereits eine riesige Menschentraube vor dem Gate für den einzigen verbleibenden Flug nach Kalifornien drängte. Wieder betete ich und bat die Engel, mir bei der Heimreise behilflich zu sein. Ich war müde und am nächsten Tag warteten Termine mit Klienten auf mich. Irgendwie schob die Menge mich ganz weit nach vorn in die Schlange.

Ich unterhielt mich mit einem Paar, das vor mir in der Schlange stand. Wir lächelten und scherzten, während wir nervös auf die Menschenmenge starrten, die den Ticketschalter belagerte. Ich fühlte mich wie in einem unberechenbaren Wirbelsturm. Dann waren meine neuen Freunde als Nächste an der Reihe. Die Frau am Schalter fragte sie: »Es gibt auf diesem Flug noch drei freie Plätze. Sie sind alle ganz hinten, aber wenn Sie wollen, können Sie sie haben.«

Sie schaute mich an und fragte: »Reist diese Dame mit Ihnen?«

»Ja«, erwiderte das Paar sofort. Als ich ein paar Augenblicke später in meinen Flugzeugsitz sank, der wunderbarerweise auch noch am Gang lag, dankte ich von Herzen Gott, den Engeln und dem netten Ehepaar, dass sie mir geholfen hatten.

*

Hier folgen einige wundervolle Gebete, die Ihnen helfen, im Berufsalltag mit dem Göttlichen in Kontakt zu kommen:

Gebet zur Bereinigung von Konflikten am Arbeitsplatz

Lieber Gott,
mein größter Wunsch ist es, bei der Arbeit glücklich zu sein. Ich bitte dich, hilf mir, im beruflichen Bereich Frieden zu fin-

den. Bitte, hilf mir, dass ich alle Menschen verstehe, mit denen ich beruflich in Kontakt komme, und dass sie mich verstehen. Bitte befreie mich von allen Ängsten, die zu Konflikten am Arbeitsplatz führen könnten. Ich bitte dich und die Engel, mich zu beruflichen Aufgaben hinzuführen, die meinen Interessen und Fähigkeiten entsprechen. Ich stelle mir jetzt vor, dass ich jeden Morgen glücklich aufwache und mich auf meine Arbeit freue, und ich bitte um deine Mithilfe bei der Verwirklichung dieser Vision. Amen.

Gebet, um die eigene Lebensaufgabe zu finden

An alle, die über mich wachen:
Wie es scheint, habe ich meine göttliche Bestimmung vergessen. Darum bitte ich euch jetzt, mir zu helfen, dass ich mich an den Grund erinnere, warum ich diesmal auf die Welt gekommen bin. Ich bin bereit, mich von allen Ängsten zu befreien, die mich davon abhalten, mich an meine Bestimmung zu erinnern, einschließlich der Angst vor Erfolg oder Versagen. Ich weiß, dass ich optimal dazu qualifiziert bin, meine Mission zu erfüllen, und ich bitte euch, mir den Weg zu zeigen, der mein Herz mit Freude erfüllt. Helft mir bitte, den Unterschied zwischen Freude und Angst zu erkennen, damit ich mich sinnvollen Aktivitäten widme, die meinen Mitmenschen dienen und mir Freude und Befriedigung schenken. Ich danke euch von Herzen.

Gebet um eine neue Arbeit

Geliebter Schöpfer,
du hast in mir den Wunsch nach einer neuen Arbeitsstelle geweckt und ich bitte dich, hilf mir, dass ich die Türen erkenne, die du jetzt für mich öffnest. Ich bitte um klare und eindeutige Zeichen, die mich zu einem neuen Arbeitsplatz führen, wo ich meine Talente und Interessen auf sinnvolle Weise einbringen kann. Bitte bestärke mich in der Überzeugung, eine wunderba-

re neue Arbeit zu verdienen, und nimm bei anstehenden Vorstellungsgesprächen jede Nervosität von mir. Ich bitte um zusätzliche Engel, die mir Mut und Selbstvertrauen schenken und mich in dem sicheren Wissen bestärken, dass du jetzt und immer für mich sorgst. Amen.

Gebet zum Abbau von Stress

Lieber Gott, Erzengel Raphael und Erzengel Michael,
offenbar leide ich momentan unter starkem Stress und brauche daher dringend eure Hilfe. Bitte befreit mich von dem Druck, den ich mir selbst auferlegt habe. Raphael, bitte umhülle mich mit deiner heilenden Energie, sodass mein Körper von den Auswirkungen des Stresses befreit wird. Michael, bitte durchtrenne mit deinem Schwert die Fäden aller negativen und ängstlichen Gedanken, die mich binden und schwächen. Ich bin bereit, alle schlechten Angewohnheiten aufzugeben: Selbstbestrafung, Hektik und andere Glaubenssätze, die zur Erzeugung stressiger Situationen beitragen. Ich weiß, dass ich in Wahrheit über genügend Zeit und Energie verfüge, und bitte euch, helft mir, dass ich diese Fülle jetzt erfahren kann. Danke und Amen.

Gebet für gute geschäftliche Chancen

Lieber Gott, Heiliger Geist, ihr aufgestiegenen Meister und Engel,
ich bitte darum, dass alle Leute, für die meine Produkte oder Dienstleistungen segensreich und von Nutzen sind, mich heute kontaktieren. Ich bin bereit, neue Menschen und Gelegenheiten mit offenen Armen zu empfangen. Ich bin bereit, mich von allen negativen Gedanken, Mustern oder Glaubenssätzen zu lösen, die neuen geschäftlichen Erfolgen im Wege stehen. Bitte, helft mir zu erkennen, dass ich hier und jetzt Glück und Erfolg verdiene. Danke.

Gebet für finanzielle Sicherheit

Lieber Gott,
ich weiß, dass du die Quelle alles Guten bist und dass du in jeder Hinsicht für mich sorgst. Bitte hilf mir, mich von den Ängsten zu befreien, die mich daran hindern, deine Gaben zu empfangen. Bitte, hilf mir, Frieden, Dankbarkeit und finanzielle Sicherheit zu erfahren. Bestärke mich in dem Glauben, dass ich dein Kind bin, dem du große Segnungen zuteil werden lässt. Ich öffne mich jetzt für die göttliche Führung, die mich zur rechten Zeit zu den Situationen, Menschen und Gelegenheiten lenkt, die Teil deines Plans für meine finanzielle Sicherheit sind. Ich sehe nun mich selbst und alle anderen Menschen finanziell abgesichert. Mein Herz fließt über vor Dankbarkeit und Freude angesichts des reichen Universums, das du erschaffen hast. Danke und Amen.

Engelaffirmationen

Häufig arbeite ich mit meinen Klienten daran, ihr Selbstvertrauen zu stärken, zum einen, indem ich ihnen Engel schicke, die ihre Selbstzweifel auflösen, zum anderen, indem ich sie bitte, täglich bestimmte »Engelaffirmationen« zu wiederholen. Im Anhang dieses Buches habe ich viele der Affirmationen aufgelistet, die ich in meiner Beratungspraxis verwende. Sie können Affirmationen einsetzen, um berufliche Probleme zu beseitigen oder Ihr Selbstvertrauen im Umgang mit anderen Menschen zu erhöhen, um Ihr Liebesleben zu verbessern oder zu mehr innerer Harmonie zu gelangen.

Wenn ich mit Menschen arbeite, die beruflich frustriert sind oder ihre persönlichen Berufswünsche noch nicht realisieren konnten, stelle ich meistens fest, dass mangelndes Selbstvertrauen dahinter steckt. Beispielsweise hatte ich einmal einen Schauspieler als Klienten, der, als er zum ersten Mal zu mir kam, seit zehn Monaten keine Rolle mehr erhalten hatte. Die Engel sagten mir, mein Klient erwarte gar nicht erst, engagiert zu werden, und diese negative Erwartung hindere ihn daran, beim Vorsprechen zu glänzen. Er erkannte sofort, dass diese Einschätzung seiner Engel zutraf. Sofort begann er mit Affirmationen zu arbeiten. So baute er sich die positive Erwartung auf, engagiert zu werden. Schon nach kurzer Zeit fand er wieder Arbeit.

*

Die Engel möchten gerne positiv zu allen Bereichen unseres Lebens beitragen. Mit einer besonderen Art von Engeln, die Ihr Energieniveau anheben und für Freude und gute Laune sorgen können, werde ich Sie im folgenden Kapitel bekannt machen.

6. KAPITEL

DIE NATURENGEL

Gewiss haben Sie auch schon bemerkt, wie wundervoll und entspannend es ist, in der freien Natur spazieren zu gehen. Für diese therapeutische Wirkung sind zum großen Teil die Naturengel verantwortlich, die bei den Pflanzen und Tieren leben. Wir fühlen uns in Gegenwart von Tieren und Pflanzen unter anderem deshalb so wohl, weil es in der Natur eine große Vielfalt heilender Engel gibt. Das so genannte »Elementarreich« der Naturengel kann Ihnen rasche Heilung bei vielen Problemen bringen.

Naturengel – die Hüter der Elemente

Jedes lebende Geschöpf hat seine Schutzengel. Das gilt auch für Blumen und Bäume und die ganze Pflanzenwelt, für Vögel und alle anderen Tiere.

Diesem Elementarreich der Naturengel gehören viele verschiedene Wesen an. Manche dieser Elementargeister gelten als reine Fabelwesen, so etwa die Kobolde, Elfen, Baumgeister und Gnome. Wenn wir unsere Hellsichtigkeit entwickeln, stellen wir jedoch bald fest, dass diese Wesen tatsächlich existieren und gar nicht so schwer zu entdecken sind. Dazu müssen Sie lediglich durch die Natur spazieren und geistig nach ihnen rufen. Höflichkeit ist dabei sehr wichtig, denn Elementargeister sind auf der Hut vor Menschen, die einen aggressiven, manipulativen, betrunkenen oder großspurigen Eindruck machen. Dagegen lieben sie Menschen, die sich für den Naturschutz engagieren, denn dies ist auch die primäre Aufgabe der Elementargeister.

Eine Gruppe von Elementargeistern, die sehr stark mit der Heilung von Menschen befasst ist, sind die Feen. Sie sehen aus wie winzige menschenähnliche Wesen mit Libellen- oder Schmetterlingsflügeln. Sie huschen von Blüte zu Blüte und erinnern mit ihrem hellen Leuchten an Glühwürmchen.

Ich habe schon viele Menschen kennen gelernt, deren Schutzengel Feen sind. Dabei handelt es sich immer um Menschen, deren Lebensbestimmung etwas mit der Natur, mit Ökologie oder Tieren zu tun hat. Im Kapitel über inkarnierte Engel werde ich Ihnen von Menschen berichten, die sogar *selbst* aus dem Reich der Elementargeister stammen!

Die Feen helfen uns dabei, negatives Denken aufzulösen, Gedankenformen und Energien, die wir vielleicht von anderen Menschen übernommen haben oder die das Produkt unserer eigenen Sorgen sind. Wenn Sie in die Natur gehen, können Sie die Feen geistig bitten, Sie mit Liebe und Licht zu umgeben. Dann werden sie um Sie herumschwirren und Ihre Negativität einsammeln und forttragen, wie Bienen Blütenpollen sammeln. Die Feen verbreiten außerdem eine leichte, verspielte Stimmung, die Sie dazu inspirieren wird, zu lachen und vergnügt zu sein, was zweifellos eine starke therapeutische Wirkung hat.

Überall, wo es Pflanzen und Tiere gibt, halten sich auch Feen auf. Am zahlreichsten sind sie in der Nähe blühender Pflanzen und in unberührter Wildnis. Doch auch Topfpflanzen besitzen ihre eigenen Feen. Aus diesem Grund ist es günstig, sich eine Topfpflanze ans Bett zu stellen. Die Feen können dann, während Sie schlafen, mit Ihnen arbeiten und Ihnen zu einer angenehmen Nachtruhe verhelfen.

Schutzengel und Tiere

In vielerlei Hinsicht sind unsere Haustiere unsere irdischen Engel. Sie leisten uns Gesellschaft, schenken uns bedingungslose Liebe und vermitteln uns Lebensfreude. Jedes Tier hat seine eigenen Schutzengel. Wenn Sie ein Haustier halten, gehen Sie also nicht nur eine Beziehung zu dem Tier selbst ein, sondern auch zu seinen Schutzengeln.

Ich wurde einmal von einem Talkshow-Moderator gefragt, ob die Schutzengel von Hunden aussähen wie kleine Hunde mit Flügeln. Dann fragte er mich, ob es auch Schutzengel für Fliegen gäbe (die gibt es in der Tat!). Die meisten Tiere haben Feen als Schutzengel. Tiere, die im oder auf dem Wasser leben, besitzen Sylphen als Schutzengel. Sylphen sind farbig schillernde Wasserfeen mit langen, dünnen, durchscheinenden Körpern. Da sie schwimmen, statt zu fliegen, besitzen sie keine Flügel.

Wir können mit den Schutzengeln unserer Haustiere sprechen und sie um Hilfe bitten, wenn wir uns um ein Tier Sorgen machen. Die Schutzengel Ihres Haustieres können bei allen das Tier betreffenden Problemen helfen, wie zum Beispiel bei Krankheiten und Verhaltensstörungen oder wenn es gilt, ein entlaufenes Tier wieder zu finden.

Mein Kater Romeo hat große blaue Augen, ein cremefarbenes flauschiges Fell und die stärkste Persönlichkeit, die ich je bei einem Tier beobachtet habe. Alle Leute, die ihm begegnen, verlieben sich sofort in ihn – daher sein Name. Und wenn Sie Ihr Gesicht dicht an seines halten, kommt er mit seiner kleinen Schnauze ganz nah heran, als wollte er Sie küssen.

Meistens benimmt sich Romeo sehr gut. Natürlich fordert er von meinem Mann und mir beharrlich, dass sein Napf stets mit gutem, frischem Futter gefüllt ist. Und es muss immer die teuerste Sorte Katzenfutter sein, sonst rührt er es gar nicht erst an. Doch von dieser Eigenheit abgesehen, hat Romeo uns nie irgendwelche Probleme gemacht ... mit Ausnahme jenes Tages, als er auf das Dach unseres zweistöckigen Hauses kletterte. Da es sich um ein steiles Ziegeldach handelt, fürchtete ich, Romeo könnte abrutschen und sich verletzen. Zwar wusste ich, dass Katzen Stürze meist sehr gut überstehen. Doch ich machte mir Sorgen, dass Romeo, der sein ganzes bisheriges Leben als reine Stubenkatze zugebracht hatte und dem regelmäßig die Krallen geschnitten werden, in Panik davonlaufen könnte, wenn er vom Dach fiel.

Ich streckte die Arme durchs Fenster und versuchte meinen geliebten Kater zu erreichen, doch er stand gut einen halben Meter zu weit weg. Da ich es nicht wagte, selbst hinaus auf das rutschige Dach zu klettern, versuchte ich ihn durch Rufe herbeizulocken. Er schaute mich an, blinzelte schläfrig, machte aber keinerlei Anstalten, näher zu kommen.

Ich sah auf die Uhr. Mein Mann und ich mussten unbedingt zu einer wichtigen geschäftlichen Verabredung aufbrechen. Doch es schien mir undenkbar, Romeo dort draußen auf dem Dach zurückzulassen. Schließlich fiel mir ein, dass ich noch gar nicht die Engel um Hilfe gebeten hatte. Meine Gebete hatten in der Vergangenheit stets zu raschen Reaktionen des Universums geführt. Doch in besonderen Krisensituationen vergesse ich oft, um Hilfe zu bitten, und brauche ziemlich lange, bis ich begreife, dass ich das Problem nicht allein lösen kann.

So kam mir der Gedanke, Romeos Schutzengel um Hilfe zu bitten. Zwar hatte ich noch nie bewusst darüber nachgedacht, dass auch meine Katze Engel haben könnte, doch in diesem Moment schien mir das die perfekte Lösung zu sein. Hatte nicht Gott allen Geschöpfen Schutzengel mitgegeben? Warum sollten Katzen dabei leer ausgegangen sein?

Ich schloss die Augen und betete zu den Schutzengeln meiner Katze: »Bitte sagt Romeo, dass er zum Fenster kommen soll, damit ich ihn hereinholen kann.« Als ich die Augen wieder öffnete, durchströmte mich ein Gefühl des Friedens. Ich spürte den Impuls, erneut »Romeo, komm her« zu sagen, und diesmal funktionierte es.

Romeo lief sofort zum Fenster, sodass ich ihn nach drinnen zurückheben konnte. Als meine Katze sicher in meinen Armen lag, liefen mir Tränen der Dankbarkeit übers Gesicht, weil Romeos Schutzengel mir so augenblicklich geholfen hatten. Wir alle, auch die Tiere, sind von Schutzengeln umgeben, die uns Liebe und Schutz schenken.

Wie die Engel unsere Haustiere schützen

Renée, die mehrere meiner Kurse zum Thema Kommunikation mit den Engeln besucht hatte, stellte fest, dass ihre Schutzengel sich auch um ihre Katze kümmerten. Sie berichtet:

»Ich möchte gerne von einem besonders schönen Erlebnis erzählen. Bevor ich mich schlafen lege, befolge ich immer Doreens Rat und bitte Gott, an jeder Ecke unseres Hauses einen Engel zu postieren, um uns in der Nacht zu beschützen. Eines

Abends kam mein Sohn erst nachts um zwei von der Arbeit nach Hause. Er war müde und ließ versehentlich den Hintereingang offen. Nicht nur, dass er vergaß abzuschließen, nein, die Tür stand sperrangelweit auf!

Als ich am Morgen aufstand, war es im Wohnzimmer kalt, die Tür stand weit offen und meine Katze, die normalerweise nach draußen gerannt wäre, lief vor der Tür auf und ab. Es war, als befände sich vor der Tür eine unsichtbare Barriere, an der die Katze nicht vorbeikonnte. Sie ist eine Stubenkatze und hätte sich draußen im Freien bestimmt verlaufen. Danke, Engel!«

Die besten Freunde des Menschen – für immer

So wie die menschlichen Seelen, sind auch die Seelen unserer Haustiere unsterblich. Nach dem Tod bleiben ihre Geister oft hier bei uns, an unserer Seite. Häufig sehe ich Hunde und Katzen in der Nähe meiner Klienten und weiß, dass sie ihren menschlichen Freunden die gleiche Liebe und Zuneigung schenken wie zu der Zeit, als sie noch lebendig waren. Zwar kann es sein, dass der frühere Besitzer auf der Ebene seines Alltagsbewusstseins die Gegenwart seines gestorbenen Haustieres nicht wahrnimmt, doch auf der Seelenebene wissen wir immer, dass die Seele unseres Hundes oder unserer Katze bei uns ist. Es ist gut für uns, wenn eine solche Tierseele uns begleitet, da sie uns mit einer zusätzlichen »Liebesaura« umgibt, die uns wie die Stoßstange eines Autos oder eine Burgmauer erhöhten Schutz bietet.

Einmal war ich an der Ostküste in einer TV-Morgensendung aufgetreten. Als ich anschließend in die Cafeteria des Senders ging, sah ich einen Mann in den Vierzigern auf einem Stuhl sitzen, über dessen rechter Schulter eine farbige, dreidimensionale Geistererscheinung schwebte – ein Cockerspaniel mit zum Sprung gestrecktem Körper. Normalerweise pflege ich meine Visionen für mich zu behalten, solange mich niemand danach fragt. In diesem Fall konnte ich mich aber einfach nicht zurückhalten und sprach den Mann an: »Kann es sein, dass vor kurzem Ihr Hund gestorben ist?« Als Reaktion auf meine Frage stürzte aufgeregt seine Ehefrau herbei, die sich ebenfalls in der Cafeteria aufhielt.

Es stellte sich heraus, dass sie gerade ihren geliebten Hund verloren hatten, und so kam es dort in der Cafeteria zu einer wunderbaren Wiedervereinigung. Der Hund zeigte mir Szenen, wie er mit seinen Besitzern spielte und mit dem Mann in einem großen Haufen buntem Herbstlaub herumtollte. Dem Mann und seiner Frau bereiteten diese anrührenden Erinnerungen sichtlich Freude. »Ich habe zu meinem Hund gesagt, dass wir für immer zusammenbleiben würden«, erzählte mir der Mann. *Und sie sind auch zusammen*, dachte ich. *Das sind sie wahrhaftig.*

Engel und Kristalle

Neben den Elementargeistern und den Tieren kann uns auch das Mineralreich wertvolle Hilfe leisten, zu dem unter anderem die Kristalle gehören. Sie können uns zur Verstärkung der Engelenergie dienen, ganz so wie die Kristalle in Uhren und Radios andere Energiearten verstärken.

Ich habe festgestellt, dass Kristalle ein wunderbares Hilfsmittel sind, um mit dem Reich der Engel Verbindung aufzunehmen. Sie können wie Megafone benutzt werden, denn sie erhöhen die Signalstärke unserer Kommunikation und verstärken die Heilenergie, die uns von den Engeln übermittelt wird. Viele Kristalle verfügen über Eigenschaften, die in besonderer Beziehung zum Reich der Engel stehen:

Bergkristall: Tragen Sie einen klaren Bergkristall an einer Halskette oder halten Sie ihn vor den Bereich zwischen Ihren Augen (das so genannte »Dritte Auge«). Sie werden dann möglicherweise eine leichte Kühle oder etwas wie einen Windhauch spüren, was anzeigt, dass der Kristall wie ein Prisma die Energie der Engel bündelt und auf Sie lenkt.

Rosenquarz: Ein wundervoller Kristall zur Öffnung des Herzchakras, jenes Zentrums in uns, von dem aus wir die Liebe erfahren. Je mehr sich Ihr Herzchakra öffnet, desto aufnahmebereiter werden Sie für die göttliche Liebe, mit der Gott und die Engel Sie überschütten möchten.

Sugilith: Dieser violette Stein wird oft auch »Liebeskristall« genannt, weil er in uns das wunderbare Gefühl einer sehr reinen Liebe weckt. Ich finde, dass er vollkommen mit der Energie des Erzengels Michael harmoniert. Als ich zum ersten Mal eine Halskette mit einem Sugilith trug, hielt ich in Colorado Springs einen Vortrag. Während dieses Vortrags channelte ich den Erzengel Michael, obwohl ich das ursprünglich gar nicht geplant hatte. Sugilith eignet sich wunderbar dafür, unser Kehlkopfchakra zu öffnen, sodass wir klarer und mit größerer Autorität sprechen können.

Amethyst: Dieser wundervolle violette Kristall besitzt eine extrem hohe Schwingungsfrequenz und auf manche Menschen wirken Amethyste so anregend wie Koffein (daher eignen sie sich nicht für jedermann). Dieser Edelstein besitzt eine stark öffnende Wirkung auf das Kronenchakra, die energetische Empfangsstation für »höheres Wissen«. Er kann Ihnen helfen, Botschaften des universalen göttlichen Geistes oder Informationen aus dem kollektiven Unbewussten klarer zu empfangen.

Mondstein: Ein schöner, opalähnlicher Stein, der Ihnen hilft, Ihre spirituelle Schwingungsfrequenz anzuheben.

Auch kann er Sie darin unterstützen, einen besseren Kontakt zum hohen Energieniveau des Engelreiches herzustellen. Seine Farbe ähnelt der transparenten Schönheit der Engel.

Lapislazuli: Ein königsblauer Stein, mit dessen Hilfe Sie Ihre Hellsichtigkeit entwickeln können, also die Fähigkeit, die nichtphysische Welt und die höheren Dimensionen wahrzunehmen.

Labradorit: Dieser grünlich blaue Stein erinnert mich an besonders schönes Perlmutt. Er fördert die Entfaltung der intuitiven Fähigkeiten und hilft Ihnen, alle Lebenssituationen aus dem Blickwinkel der Engel zu sehen. Auf diese Weise können Sie sich über die Sichtweise des niederen Selbst erheben und die Dinge von einer höheren Warte aus betrachten.

*

Nachfolgend zwei Gebete, die Sie benutzen können, um Tieren zu helfen. Formulieren Sie die Gebete bitte entsprechend der jeweiligen Situation um und setzen Sie den Namen Ihres Haustieres ein.

Gebet um Heilung für ein Haustier

Lieber Gott,
ich bitte dich, den Erzengel Raphael und die Heilungsengel, mein Haustier mit eurer heilenden Liebesenergie zu umgeben. Helft bitte meinem Haustier und mir, Frieden zu spüren, sodass eine Heilung möglich wird. Lieber Gott, im Wissen, dass in deinen Augen alles, was existiert, bereits geheilt ist, bitte ich dich: Schicke uns ein Wunder. Schenke mir Glauben und Zuversicht, damit ich hier und jetzt das Wirken deiner Liebe in meinem Haustier und in mir spüren kann. Danke.

Gebet für ein entlaufenes Haustier

Lieber Gott,
ich weiß, dass nichts und niemand je wirklich verloren gehen kann, da du allgegenwärtig bist und alles und jeden siehst. Ich bejahe und bekräftige, dass es nichts gibt, das für die Augen Gottes unauffindbar wäre. Ich bitte dich, den Erzengel Michael, den Erzengel Raphael, die Naturengel und meine Schutzengel, es zu ermöglichen, dass mein Haustier und ich jetzt wieder zueinander finden. Ich bitte die Schutzengel meines Haustieres, mir ein Signal zu senden, damit ich mein Haustier finden kann. Ich entspanne mich jetzt, denn ich weiß, dass Gott, die Engel und mein höheres Selbst bereits Verbindung zu meinem Haustier aufgenommen haben. Danke.

7. KAPITEL

ENGEL, DAS LEBEN NACH DEM TOD UND DIE HEILUNG DER TRAUER

Obgleich die Engel wissen, dass niemand wirklich stirbt, empfinden sie doch großes Mitgefühl für die Trauer der Hinterbliebenen. Die Engel sind hier, um uns bei der Heilung dieses Schmerzes zu helfen, manchmal indem sie uns Zeichen schicken, etwa Schmetterlinge, Vögel oder Wolken, deren Form engelgleich wirkt. Auch kann es vorkommen, dass ein Verstorbener, den wir sehr geliebt haben, uns eine Botschaft übermittelt, dass mit ihm oder ihr alles in Ordnung ist. Wie bei jeder anderen schwierigen Lebenssituation ist es auch in diesem Fall wichtig, dass wir unsere Engel einladen, uns zu helfen, den schmerzlichen Verlust zu überwinden. Denn, wie schon erwähnt, dürfen sie nur helfend eingreifen, wenn wir ihnen die Erlaubnis dazu erteilen.

Nicht selten kommt es vor, dass Verstorbene uns als Schutzengel dienen. Kurz nach ihrem Tod sind unsere Angehörigen immer wieder zeitweilig bei uns, während sie im Jenseits eine Art Schule durchlaufen. Sie befinden sich ständig in Hörweite. Wenn Sie also geistig nach einer bestimmten verstorbenen Person rufen, kommt sie sofort zu Ihnen. Verstorbene Angehörige stehen uns in Krisenzeiten bei und sie sind auch an Festtagen und bei Familienfesten anwesend. Sie lieben es, wenn wir ihre Anwesenheit zur Kenntnis nehmen. Auch wenn Sie nicht sicher wissen, ob das, was Sie da gerade spüren, wirklich die Gegenwart einer geliebten verstorbenen Person ist, sollten Sie also trotzdem im Stillen sagen: »Hallo, ich liebe dich.«

Geliebte Verstorbene erscheinen uns auch oft im Traum, um uns heilende Botschaften zu übermitteln. Solche Träume sind besonders intensiv, mit kräftigen Farben und starken Gefühlen. Dabei *wissen* Sie einfach, dass es sich um ein reales Erlebnis handelt, aber Ihr niederes Selbst wird Sie möglicherweise trotzdem davon zu überzeugen versuchen, dass Sie sich das alles nur eingebildet haben. Doch dem ist nicht so. Engel und geliebte Verstorbene besuchen uns im Traum, weil sie wissen, dass wir dann viel offener für heilende Botschaften und Inspirationen sind.

Abschied nehmen

Die Spanierin Michelle Mordoh Gross erzählte mir diese anrührende Geschichte darüber, wie ein Engel ihr half, Abschied von ihrer Mutter zu nehmen.

»Ich saß am Bett meiner Mutter und versuchte verzweifelt, sie zu trösten, indem ich ihr vom Leben nach dem Tod erzählte und ihr sagte, wie sehr ich sie liebte. Die Ärzte verstanden nicht, warum sie noch nicht gestorben war, sich immer noch am Leben festklammerte. Aber ich verstand es. Sie wollte bleiben, solange ich bei ihr war, mit aller Kraft durchhalten, um noch so viel Zeit mit mir verbringen zu können wie möglich.

Deshalb wurde mir klar, dass meine Anwesenheit keine Hilfe mehr für sie darstellte. Ich hinderte sie daran, loszulassen und zu gehen. Das war eine furchtbar schmerzhafte Erkenntnis. Ich traf die schwerste Entscheidung meines Lebens.

Ich musste sie allein lassen, damit sie sich frei fühlte hinüberzugehen.

Ich visualisierte, dass ich sie in der Obhut eines Engels zurückließ. Als ich ihre zarte, schwache Hand hielt, wusste ich, dass dies unser letzter gemeinsamer Augenblick war. Mit gebrochenem Herzen und dennoch sanft und freundlich sagte ich ihr, dass ein Engel bei ihr am Bett sitzen und über sie wachen würde, wenn ich fort war. Ich beschrieb ihr den schönsten Engel, den man sich nur vorstellen kann. Ich sagte ihr, dieser Engel würde ihr zur Seite stehen als ein Licht in der Dunkelheit. Er würde sie schützen, führen und tragen. Ich ermutigte sie, keine Angst zu haben, sondern zu vertrauen.

Tränen liefen mir über das Gesicht, als meine Mutter, die nicht mehr sprechen konnte, mir durch einen schwachen Händedruck signalisierte, dass sie verstanden hatte. Ich küsste ihre Hand und dankte ihr dafür, dass sie für mich nun die von Gott auserwählte Verbindung zwischen Himmel und Erde sein würde. Und dann ging ich.

Ein paar Stunden später, um fünf Uhr nachmittags, befand ich mich auf dem Rückflug nach Hause. Ich war eingenickt, doch dann öffnete ich plötzlich die Augen, richtete mich im Flugzeugsitz auf und schaute aus dem Fenster. Der Himmel war leuchtend blau und völlig wolkenlos – bis auf eine einzelne orangegelbe Wolke, die genau vor mir schwebte. Sie hatte die Form des wunderschönen Engels, den ich für meine Mutter visualisiert hatte, einschließlich der Flügel! Seine ausgestreckten Arme hielten eine andere Wolke, die die Form eines Menschen hatte. Es sah aus wie eine Mutter, die ihr schlafendes Kind in den Armen hält. Und da war noch mehr: Unter der menschenähnlichen Wolke schwebte eine weitere Wolke, deren Form einem Bett ähnelte. Da wusste ich, dass meine Mutter sich gut behütet auf dem Weg nach Hause befand.

Als ich zwei Stunden später in meiner Wohnung eintraf, war ich sicher, dass bald darauf das Telefon klingeln würde – was auch geschah. Eine Krankenschwester teilte mir mit, was ich bereits wusste. Meine Mutter war um fünf Uhr nachmittags gestorben. Sie ist jetzt sicher und geborgen – ohne Angst, Krankheit und Leid.

Während unseres letzten Gesprächs hatte meine Mutter mich gefragt: ›Wann werden sie kommen, um mich zu holen?‹ ›Wenn du bereit bist. Das ist der beste Zeitpunkt‹, hatte ich erwidert. Damals versprach sie, mir einen Regenbogen zu senden, wenn sich das, was ich über das Leben nach dem Tod glaubte, als wahr herausstellen sollte. Ob Sie es glauben oder nicht: Inzwischen liegt ihr Tod acht Monate zurück und seither ist kein Tag vergangen, an dem ich nicht mindestens einen Regenbogen gesehen habe.«

Angehörige auf der anderen Seite

Viele helfende Engel sind verstorbene Angehörige. Entweder sind sie uns dauerhaft als geistige Führer zugeteilt worden oder aber sie begleiten uns vorübergehend in Krisenzeiten. Zu den besonderen Freuden meiner Engel-Readings gehört die Wiedervereinigung von Familien, wenn ein Klient erkennt, dass ein verstorbener Verwandter immer noch bei ihm ist.

DOREEN: Dank Ihres liebevollen und hilfsbereiten Charakters gibt es auf der anderen Seite viele Wesen, die sehr gerne bereit sind, Ihnen zur Seite zu stehen. Da ist eine Frau bei Ihnen, deren Haar gefärbt aussieht. Sie ist etwas untersetzt, mit rundem Gesicht, und sie war noch nicht sehr alt, als sie starb – vielleicht Anfang 60. Sie sieht aus, als sei sie südeuropäischer Abstammung, mit dunklerer Haut.

ABBY: Oh, das könnte meine Großmutter väterlicherseits sein! Sie färbte sich die Haare, hatte ein volles Gesicht und war eher rundlich. Sie beschreiben sie sehr treffend.

DOREEN: Ja, sie ist bei Ihnen.

ABBY: Oh, das ist wundervoll! Wir standen uns immer sehr nah und nach ihrem Tod habe ich sie sehr vermisst.

DOREEN: Ich sehe außerdem einen älteren Mann bei Ihnen, der wie ein Arbeiter gekleidet ist. Er ist groß und stattlich und gehört offenbar zur Familie Ihrer Mutter.

ABBY: Vielleicht ist das mein Großvater, der, den ich noch persönlich kennen gelernt habe, der Vater meiner Mutter?

DOREEN: Er ist attraktiv, mit weißem Haar.

ABBY: Ja! Oh, mir wird heiß und kalt! Ich hatte gar nicht mehr an ihn gedacht, aber jetzt bin ich sehr froh, dass er bei mir ist!

DOREEN: Er ist an Ihrer Seite. Haben Sie einen kleinen braunen Hund verloren? Ein solcher Hund schwebt nämlich ebenfalls dicht bei Ihnen.

ABBY: Ja, das ist meine Hündin Figi. Sie ist vor zwei Monaten gestorben. Oh, sie ist auch da? Wie schön!

DOREEN: Ja. Sie ist bei Ihnen, als hilfsbereiter Engel.

Für Abby war es eine aufregende Nachricht, dass zwei geliebte Verwandte und ihr Hund sie immer begleiten. Seit sie weiß, dass sie ihr als Engel zur Seite stehen, kommuniziert sie regelmäßig auf geistigem Wege mit ihnen. Abby bittet ihre Großmutter und ihren Großvater häufig um Hilfe und ist, wie sie mir später sagte, für ihre Unterstützung sehr dankbar.

Heilende Gespräche mit dem Jenseits

Ebenfalls sehr bedeutungsvoll finde ich es, wenn die verstorbenen Angehörigen meinen Klienten Botschaften übermitteln, um die Beziehung zu ihnen zu heilen oder zu verbessern. Das ist eine Möglichkeit, wie tote Angehörige auf engelhafte Weise mithelfen, unsere Seele von Trauer oder Schuldgefühlen zu befreien. In dem nachfolgend wiedergegebenen Gespräch meldete sich die verstorbene Schwester meiner Klientin, um etwas zu bereinigen, was zwischen den beiden ungeklärt geblieben war. Solche Gespräche mit Verstorbenen erleichtern deren Seele und bringen uns selbst Frieden.

DOREEN: Ich sehe eine Frau bei Ihnen, die noch nicht sehr alt war, als sie starb.

RUTH: Das könnte meine Schwester sein.

DOREEN: Hatte sie dunkles Haar?

RUTH: Ja.

DOREEN: Okay, dann ist sie es. Sie strahlt schwesterliche Gefühle aus und ähnelt Ihnen auf geschwisterliche Weise. Sie sieht aus, als sei sie um die 50 gewesen, als sie starb.

RUTH: Sie war 52.

DOREEN: Ja, dann ist sie es ganz eindeutig. Sie ist jetzt vollkommen gesund, das kann ich Ihnen versichern. Ihr Gesicht wirkt sehr vital und sie hat keinerlei Schmerzen. Sie möchte sich bei Ihnen entschuldigen, denn sie hat das Gefühl, dass sie Ihnen in den letzten Monaten ihres Lebens einfach viel zu viel abverlangt hat.

RUTH: Oh, das ist wirklich lieb von ihr, aber es hat mir ganz bestimmt nichts ausgemacht, sie zu betreuen.

DOREEN: Nun, sie sagt, sie möchte sich das gern von der Seele reden, denn es macht ihr seit ihrem Tod zu schaffen. Ihre Schwester sagt, dass sie sich damals während ihrer Krankheit sehr hilflos und ohnmächtig fühlte und dass sie Ihnen nur so zur Last gefallen ist, weil sie einfach keinen anderen Ausweg wusste.

RUTH: Sagen Sie ihr bitte, dass es eine Freude für mich war, sie durch ihre letzten Monate zu begleiten.

DOREEN: Sie hört, was Sie sagen, Ruth, und sie nickt dankbar mit dem Kopf.

RUTH: Ich liebe dich, Schwesterherz! Und ich werde dich immer lieben!

Meine Klientin Carla empfing ebenfalls eine Botschaft aus dem Jenseits und wurde dadurch von Schuldgefühlen befreit, die sie seit fünf Jahren belastet hatten:

CARLA: Meine Mutter starb vor fünf Jahren. Damals war ich schwer drogenabhängig. Als sie im Sterben lag, fragte sie mich, ob ich immer noch Drogen nahm, und ich sagte Nein. Das war eine Lüge. Seither fühle ich mich wegen dieser Lüge schuldig. Ich habe damals nur gelogen, weil ich ihr zu all dem Leiden ihrer Krankheit nicht noch zusätzlichen Kummer bereiten wollte. Meine Frage lautet nun: Weiß sie, dass ich gelogen habe? Und wenn ja, kann sie mir vergeben? Ich bin seit langem auf dem Weg der Besserung. Seit vier Jahren, acht Monaten und 18 Tagen bin ich clean und nüchtern. Dennoch belastet mich diese Sache sehr.

DOREEN: Seien Sie unbesorgt, Carla. Ihre Mutter weiß, dass Sie nur aus Liebe zu ihr gelogen haben, um ihr zusätzlichen Schmerz zu ersparen. Sie verurteilt Sie in keiner Weise – ganz im Gegenteil! Sie segnet Sie dafür, dass Sie so ein fürsorglicher, liebevoller Mensch sind.

Kurz nach ihrem Tod hat sie Ihnen dabei geholfen, mit den Drogen Schluss zu machen. Sie wacht auch weiterhin über Sie und liebt Sie bedingungslos und ohne alle Vorbehalte und außer ihr sind auch noch eine Großmutter und zwei Schutzengel an Ihrer Seite.

Gesunde Beziehungen zu toten Angehörigen

Die Beziehung zu unseren Angehörigen endet nicht mit deren Tod. Damit wandelt sich nur die Form der Beziehung. Als Psychotherapeutin und hellsichtiges Medium helfe ich meinen Klientinnen und Klienten dabei, gesunde Beziehungen zu den geliebten Menschen auf der anderen Seite aufrechtzuerhalten. Gesunde Beziehungen nach dem Tod sind wichtig für das Wohlergehen der Seelen auf beiden Seiten des Schleiers.

Nach dem Tod eines geliebten Menschen machen den Hinterbliebenen häufig gemischte Gefühle zu schaffen. Zum einen können große Trauer, Einsamkeit und Verwirrung auftreten, wie wir es ganz natürlich bei einem Menschen annehmen, der gerade einen Freund oder nahen Verwandten verloren hat. Machmal verspüren Hinterbliebene aber auch Wut oder das Gefühl, im Stich gelassen worden zu sein. Solche Emotionen sind schwer aufzuarbeiten, da die Betroffenen meist nicht gerne zugeben, dass sie wütend auf jemanden sind, der eben verstorben ist. Es fühlt sich »falsch« an, Groll gegen jemanden zu hegen, der nicht mehr da ist.

Um den Schmerz über einen solchen Verlust zu heilen, ist es aber wichtig, sich diese vollkommen normalen und natürlichen Gefühle offen einzugestehen. Schließlich ist sich ein Verstorbener ohnehin unserer Gedanken und Gefühle ihm gegenüber voll bewusst. Vor einer Person im Jenseits können wir nichts verbergen! Wir können unsere Gefühle nur vor uns selbst verleugnen – und bezahlen dafür mit unserem geistigen Frieden. Wenn wir unsere wahren Gefühle leugnen, blockieren wir damit unser eigenes Glück und gleichzeitig auch die spirituelle Weiterentwicklung der betreffenden verstorbenen Person.

Meine Klientin Laura war beispielsweise sehr wütend auf ihren Vater, weil er nicht besser auf sich Acht gegeben hatte. Lauras Vater war nach einer längeren Krankheit gestorben und Laura war wütend darauf, dass er immer so viel geraucht und getrunken und sich damit die Gesundheit ruiniert hatte. Gleichzeitig fühlte sich Laura schuldig, weil sie auf ihren Vater wütend war. Sie hatte das Gefühl, dass sie »den Toten mehr Respekt entgegenbringen« sollte.

Während unserer ersten Sitzung meldete sich Lauras Vater von drüben und bat Laura um Vergebung. Er sagte, dass seine tiefe Sorge um Lauras seelisches Wohlergehen ihn noch immer an die Erde binde. Dergleichen geschieht sehr oft: Wenn der Tod eines Angehörigen uns sehr zu schaffen macht, bleibt der oder die Betreffende in unserer Nähe, um sicherzustellen, dass mit uns alles in Ordnung ist. Falls die verstorbene Person aber nicht damit beauftragt wurde, uns als geistiger Führer zu dienen, behindert dies ihre eigene Entwicklung. Lauras Vater wollte gerne in der geistigen Welt weiterreisen, um neue Aufgaben zu übernehmen, die seinem seelischen Wachstum dienen würden, aber dazu wünschte er sich, dass Laura ihn emotional freigab, damit er sich nicht länger verpflichtet fühlte, an ihrer Seite auszuharren.

Marianne, eine andere Klientin, hegte tiefe Bitterkeit gegen ihren Vater, weil sie von ihm als Kind immer wieder verprügelt worden war. Während unserer Sitzung meldete sich ihr Vater und teilte uns mit, wie sehr er bedauerte, dass er ihr damals solches Leid zugefügt hatte. Auch er bat um Vergebung.

Marianne weinte vor Schmerz über den Tod ihres Vaters und über die Gewalt, die er ihr angetan hatte. Plötzlich erschien auch Mariannes verstorbener Großvater väterlicherseits. Er erklärte, dass er zum großen Teil für die Gewalt verantwortlich gewesen sei, die Marianne als Kind hatte erdulden müssen. Er erzählte, dass er Mariannes Vater, als dieser noch ein kleiner Junge gewesen war, immer wieder brutal verprügelt hatte. Diese Gewalterfahrung hatte Mariannes Vater dann seinerseits dazu getrieben, seine Kinder zu misshandeln. Der Großvater flehte Marianne an, ihm und ihrem Vater zu vergeben. Er sagte, dadurch würde sie sich selbst aus den Fesseln ungeheilter Wut und Verbitterung befreien.

Laura und Marianne waren beide bereit, ihren Vätern zu vergeben. Aber der Wunsch zu vergeben und die eigentliche aufrichtige Vergebung sind zwei Paar Schuhe. Beide Klientinnen benötigten mehrere Beratungssitzungen, ehe sie wirklich in der Lage waren, Wut und Verbitterung hinter sich zu lassen.

Laura gelang es schließlich, die ungesunde Lebensweise ihres Vaters als Reaktion auf seine zutiefst unbefriedigende berufliche Situation zu begreifen. Sie empfand aufrichtiges Mitgefühl dafür, dass er sich gezwungen gefühlt hatte, einen so ungeliebten Beruf auszuüben. Diese Einsicht half ihr, sich von dem Groll zu befreien, den sie gegen ihn gehegt hatte. Meine andere Klientin, Marianne, vergab ihrem Vater und ihrem Großvater, nachdem sie zu mir gesagt hatte: »Ich werde ihnen beiden vergeben, aber ich werde niemals ihre Taten entschuldigen.« Das ist eine Möglichkeit, sich von alter Wut zu lösen. Schließlich kommt es darauf an, dass wir dem Menschen vergeben, auch wenn das, was er getan hat, uns für immer unentschuldbar erscheint.

Wir tun uns selbst und unseren toten Angehörigen unermesslich viel Gutes, wenn wir uns alle Gefühle offen eingestehen, die wir ihnen gegenüber hegen, und diese Emotionen mutig aufarbeiten. Eine sehr fruchtbare Methode besteht darin, der verstorbenen Person einen aufrichtigen Brief zu schreiben. Zensieren Sie während des Schreibens Ihre Gefühle in keiner Weise. Vergessen Sie nicht, dass der oder die Tote ohnehin bereits alles weiß, was Sie über ihn oder sie denken. Die verstorbene Person verurteilt Sie in keiner Weise dafür, dass Sie ihr gegenüber negative Gefühle verspüren. Sie möchte lediglich, dass Sie den Seelenfrieden und das Glück erleben, die aus Aufrichtigkeit und Vergebung resultieren.

Die Beziehung zu Ihren Angehörigen im Jenseits kann wunderbar erfüllt und liebevoll sein. Viele meiner Klienten erzählen mir, dass ihre Beziehungen zu geliebten Verwandten nach deren Tod näher und aufrichtiger wurden als zu Lebzeiten. Die Liebe, die Sie mit ihnen verbindet, endet nicht mit dem Tod. Denken Sie immer daran: Liebe stirbt niemals!

Hier folgt ein Gebet, das Ihnen dabei hilft, Trauer zu überwinden und den Trost zu spüren, den Ihre geliebten Verstorbenen und Gott sich für Sie wünschen. Selbstverständlich können Sie dieses Gebet so umformulieren, dass es Ihre Herzensbedürfnisse ausdrückt und Ihrer jeweiligen Situation angemessen ist.

Gebet für Trauernde

Lieber Gott,
ich weiß, dass der geliebte Mensch, der von mir gegangen ist, jetzt bei dir im Himmel wohnt. Ich bitte dich, gut für sie/ihn zu sorgen, sodass deine Liebe sie/ihn trägt und inspiriert. Bitte schicke ihr/ihm zusätzliche Engel, die ihr/ihm helfen, sich auf wundervolle und glückliche Weise im Himmel einzugewöhnen. Bitte schicke auch mir zusätzliche Engel, die mir helfen, meine Traurigkeit und meinen Schmerz zu lindern. Heile meine schwermütigen Gefühle, damit ich zu dem Leben zurückkehren kann, von dem ich weiß, dass die/der geliebte Verstorbene es sich für mich wünscht. Bitte sende mir ein Zeichen des Himmels, damit ich weiß, dass der geliebte Mensch sicher bei dir geborgen ist. Amen.

8. KAPITEL

WIE DIE ENGEL UNS IN DER MATERIELLEN WELT HELFEN

Oft werde ich gefragt, ob es in Ordnung ist, die Engel in materiellen Angelegenheiten um Hilfe zu bitten. »Ist es okay, wenn ich sie bei der Parkplatzsuche um Hilfe bitte?«, »Verschwende ich die Zeit der Engel, wenn ich sie bitte, mir bei etwas zu helfen, das ich vermutlich auch leicht allein schaffen könnte?« Und: »Vielleicht beleidige ich Gott, wenn ich ihn um materielle Dinge bitte oder um Hilfe bei trivialen Angelegenheiten.« Solche Sorgen bekomme ich sehr oft zu hören. Es handelt sich dabei um Ängste, die uns davon abhalten, um Hilfe zu bitten.

Die Engel sagen häufig zu mir: »Macht euch wegen materieller Dinge keine Sorgen, sondern lasst uns für euch sorgen.« Im Gegensatz zu Ärzten, deren Ressourcen begrenzt sind, sodass sie schweren Fällen Priorität einräumen müssen, verfügen Gott und die Engel über grenzenlose Kräfte und sind an keinerlei Schranken von Zeit und Raum gebunden. Daher sind sie in der Lage, allen Menschen gleichzeitig zu helfen.

Außerdem ist es Gottes Wille, dass die Engel uns bei der Erfüllung unserer höchsten Bestimmung helfen. Gott und die Engel wissen, dass uns kaum noch Zeit und Energie bleiben, um unsere Bestimmung zu erfüllen, wenn wir in ständiger Sorge um unsere materielle Versorgung und Sicherheit leben. Das heißt nicht, dass die Engel hier sind, um uns allen zum Lebensstil von Stars und Multimillionären zu verhelfen. Sie wollen uns lediglich unsere Sorgen um materielle Dinge abnehmen, damit wir frei sind für unsere Mission.

Auch wissen sie, dass wir mitunter dazu neigen, unsere Zeit mit materiellen Dingen zu vergeuden. Dergleichen bezeichne ich als Verzögerungstaktiken – Aktivitäten, die uns davon abhalten, unsere eigentliche Bestimmung zu erfüllen.

Also bemühen sich die Engel, unsere übermäßige Sorge um materielle Dinge abzumildern. Verstehen Sie mich bitte nicht falsch. Sie unterstützen uns nicht darin, dass wir uns unverantwortlich verhalten. Wäre das der Fall, könnten wir uns nicht weiterentwickeln und dazulernen.

Aber Gott und die Engel möchten, dass wir uns Folgendes immer wieder bewusst machen: *»Wenn ihr irgendetwas braucht, zögert nicht, uns um Hilfe zu bitten. Übergebt uns jede Situation, die euch Unbehagen bereitet oder euren geistigen Frieden beeinträchtigt. Wir versprechen, dass wir euch immer Trost spenden und auf die materielle Welt in einer Weise einwirken, dass eure gegenwärtige Umgebung sich zum Besseren verändert. Überlasst es uns, euch nach Hause zu führen.«*

Mit diesem Zuhause meinen die Engel den Himmel auf Erden – unseren natürlichen Seinszustand, in dem alle unsere materiellen Bedürfnisse in göttlicher Ordnung befriedigt werden, während wir unsere ganze Aufmerksamkeit darauf richten, der Welt unsere natürlichen Talente und Gaben zu schenken.

Engel ebnen uns den Weg

Wenn Sie mit den Engeln zu arbeiten beginnen, besteht eine der ersten »Hausaufgaben«, die sie Ihnen verordnen, meist darin, Ihre nähere Umgebung – Haus, Büro, Auto – gründlich aufzuräumen und von Überflüssigem zu befreien. Die Engel sagen, dass übermäßiger materieller Besitz uns niederdrückt, weil wir so viel Energie darauf verwenden, ihn zu erwerben und zu schützen.

Wenn Sie in letzter Zeit das Gefühl hatten, es sei eine gute Idee, unbenutzten Hausrat und Krimskrams für einen guten Zweck zu spenden oder einfach wegzuwerfen, ist dieses Kapitel besonders wichtig für Sie. In energetischer Hinsicht wird sich Ihr Wohn- und Arbeitsumfeld viel klarer und vitaler anfühlen, wenn Sie es von überflüssigem Ballast befreien.

Eine gute Faustregel lautet, dass Sie sich von allem trennen sollten, was Sie in den letzten zwei Jahren nicht mehr benutzt haben. Sie können Ihren überzähligen Hausrat Frauenhäusern, Altenheimen und Einrichtungen für geistig Behinderte oder Obdachlose spenden, die dergleichen in der Regel gern annehmen. An einem Samstagnachmittag eine große Hausputz- und Ausräumaktion zu machen kann ein wunderbar befreiendes Gefühl sein.

Wenn Sie wenig benutzte, überflüssige Dinge weggeben, aktivieren Sie automatisch das spirituelle Gesetz von Geben und Empfangen. Das bedeutet, dass Ihnen neuer Besitz zufließen wird. Dann ist es an Ihnen zu entscheiden, ob sie den alten Krimskrams durch neuen ersetzen wollen. Wie wäre es, wenn Sie den Kreislauf im Fluss halten, indem Sie jeden Tag irgendetwas verschenken?

Wenn Sie unnützen Besitz ausgeräumt haben, werden Sie sich merklich entlastet fühlen und es wird Ihnen leichter fallen, Ihren Alltag zu organisieren. Als Nächstes werden die Engel Ihnen helfen, mit einem entsprechenden Ritual die Energie in den aufgeräumten Zimmern zu reinigen.

Die Energie Ihrer Besitztümer

Auf Kirlian-Fotografien sieht man, dass materielle Gegenstände von den Gedanken der Menschen beeinflusst werden, die sich in ihrer Nähe aufhalten. Eine bemerkenswerte Kirlian-Fotoserie zeigt eine Münze, die mehrere Male von einem Menschen in die Hand genommen wurde, wobei dieser sich jedes Mal bewusst auf ein anderes Gefühl konzentrierte. Die Münze wurde fotografiert, nachdem sich die Person, die sie in der Hand gehalten hatte, auf Gedanken der Wut konzentriert hatte. Dann wurde dieselbe Münze fotografiert, nachdem dieser Mensch sich auf liebevolle Gedanken konzentriert hatte. Das nächste Foto zeigt die Münze, nachdem die Versuchsperson sich ängstlichen Gedanken hingegeben hatte. Die »Aura« der Münze, also das sie umgebende Energiefeld, weist auf jedem Foto bemerkenswerte Unterschiede in Größe, Form und Farbe auf.

Die Kirlian-Fotografie ist umstritten und die Wissenschaftler sind sich nicht einig darüber, »was« die Kamera da eigentlich abbildet. Doch dokumentieren diese Fotos auf jeden Fall, dass die Gedanken der Person, die die Münze in der Hand hielt, eine nachweisbare Veränderung bewirken.

Gegenstände tendieren dazu, die vorherrschenden Gedanken und Gefühle ihres Besitzers zu speichern wie Fingerabdrücke. Aus diesem Grund kaufe ich niemals Gegenstände bei Zwangsversteigerungen oder Notverkäufen. Ich weiß, dass die Gegenstände die Ängste und das finanzielle Mangeldenken des wirtschaftlich erfolglosen Vorbesitzers gespeichert haben. Ich ziehe es vor, lieber den vollen Preis für ein Objekt zu bezahlen, das mit dem Optimismus eines erfolgreichen Geschäftsinhabers aufgeladen ist.

Psychometrie

Wenn ich Menschen darin unterrichte, wie man Engel-Readings durchführt, beginnen wir häufig damit, dass ich die Teilnehmer bitte, Paare zu bilden und sich einander gegenüber hinzusetzen. Dann fordere ich die Teilnehmer auf, mit dem Gegenüber einen Metallgegenstand zu tauschen, einen Ring vielleicht oder die Armbanduhr. Wenn Sie einen Metallgegenstand von einem anderen Menschen in der Hand halten, fällt es Ihnen leichter, Eindrücke und Botschaften von dessen Schutzengeln zu empfangen. Diese Methode nennt man »Psychometrie«.

Sie können es selbst ausprobieren: Nehmen Sie den Schlüssel, die Uhr oder den Ring eines anderen Menschen in die Hand, mit der Sie normalerweise nicht schreiben. Das ist Ihre »Empfangshand«, da sie Energie absorbiert. Ihre Schreibhand dagegen ist die »Sendehand«, die Energie abgibt. Wenn Sie den Gegenstand in Ihrer Empfangshand halten, schließen Sie die Augen und atmen Sie ein paar Mal tief durch. Konzentrieren Sie sich auf Ihre Absicht, mit Ihren eigenen Schutzengeln und mit den Schutzengeln der anderen Person zu kommunizieren. Stellen Sie diesen Engeln Fragen wie: »Was möchtet ihr mir gerne bezüglich ___________ (den Namen der Person einsetzen) mitteilen?« Oder: »Habt ihr eine Botschaft für mich, die ich ___________ (Name der Person) mitteilen soll?« Oder auch eine ganz spezielle Frage.

Atmen Sie einmal tief durch und achten Sie dann auf alle Eindrücke, die sich einstellen: eine Empfindung, ein inneres Bild, Gedanken oder Worte. Wenn die andere Person anwesend ist, teilen Sie ihr Ihre Eindrücke mit. Während Sie mit ihr sprechen, werden Sie weitere Botschaften empfangen. Dabei handelt es sich um eine leicht zu erlernende Methode für Engel-Readings, mit der die meisten Menschen schon beim ersten oder zweiten Versuch gute Ergebnisse erzielen.

Ihre persönliche Umgebung reinigen

Nicht nur unsere persönlichen Gegenstände, auch die Umgebung, in der wir wohnen, arbeiten und uns bewegen, kann buchstäblich Bände sprechen. Wände, Böden und Möbel speichern die Energie unseres dominierenden Bewusstseinszustands. Handelt es sich dabei um eine friedvolle Stimmung, dann wird unser Haus diesen inneren Frieden widerspiegeln. Es wird eine geradezu heilige Ausstrahlung besitzen, an der jeder, der zu Besuch kommt oder auch nur außen daran vorbeigeht, seine Freude hat.

Dominieren bei Ihnen oder Ihrer Familie dagegen Streit und Sorgen, so speichert das Haus die Energie dieser Probleme. So wie Möbel, Wände und Teppiche Zigarettengeruch annehmen, absorbieren sie auch den psychischen Stress der Bewohner.

So kann Ihr Zuhause, Ihr Büro oder Ihr Auto die energetischen Fingerabdrücke aller Personen enthalten, die sich jemals darin aufhielten. In Ihrem Haus kann beispielsweise die negative Energie der früheren Bewohner gespeichert sein. Zum Glück können Sie Ihre persönliche Umgebung jederzeit reinigen und die Engel helfen Ihnen dabei.

Hier sind einige Vorschläge, wie Sie einen Ort reinigen können, sei es eine Wohnung, ein Auto, ein Laden oder ein Büro:

1. Die Wände streichen.
2. Den Teppichboden erneuern.
3. Die Teppiche reinigen.
4. Salbei verbrennen (Salbei für Räucherzwecke bekommen Sie in jedem Esoterikladen). Verbrennen Sie den Salbei als Bündel oder lose in einem Gefäß und gehen Sie dabei durch den Raum, damit der Rauch sich überall verteilt.
5. Stellen Sie eine flache Schale mit Salzwasser oder reinem Alkohol in die Mitte des Raumes, den Sie reinigen möchten.
6. Legen Sie einen klaren Quarzkristall in die Mitte des Raumes, den Sie reinigen möchten. Dieser Kristall sollte zuvor von allen alten Energien gereinigt worden sein. Dazu müssen Sie ihn für mindestens vier Stunden direktem Sonnen- oder Mondlicht aussetzen.
7. Bitten Sie den Erzengel Michael und seine Helfer in Ihr Haus, Büro oder Auto, damit sie alle negativen Energien aus Ihrer Umgebung entfernen.

Ein neues Zuhause manifestieren

Wenn Sie ein neues Haus oder eine neue Wohnung suchen, können die Engel Ihnen helfen, die perfekte Lebensumgebung zu finden. Sie werden Ihnen auch die nötigen Türen öffnen, um die für den Umzug anfallenden Kosten erschwinglich zu halten. Von den Engeln habe ich gelernt, mich von den typisch menschlichen Zweifeln zu lösen, die etwa folgendermaßen lauten: »Also, es kann einfach nicht gehen, weil es unlogisch ist.«

Die Engel sind über jede menschliche Logik erhaben. Von ihrer Warte aus ist nichts unmöglich.

Martha und Stan, ein Ehepaar aus Virginia, entdeckte, welche Wunder möglich werden, wenn wir unsere Zweifel überwinden:

Nach zehn Ehejahren wünschten sich Martha und Stan sehnlichst ein eigenes Haus. Martha, die sehr gläubig ist, bat Gott und Jesus jeden Abend im Gebet darum, ihr und ihrem Mann dabei zu helfen, ein Haus zu finden, das ein Ort der Liebe sein sollte und ihren finanziellen Möglichkeiten entsprechen würde. Eines Abends hatte sie einen Traum, in dem sie sich bei der Besichtigung eines älteren Hauses sah, das großen Charme ausstrahlte, mit Spitzenvorhängen, Dielenböden und im Badezimmer einem wunderschönen Keramikwaschbecken, das mit goldenen Rosen bemalt war. Martha erinnert sich, dass sie sich in ihrem Traum dort wie zu Hause fühlte und wusste, dass dies das Haus war, in dem sie gerne leben wollte.

Der Traum war so schön und lebhaft, dass sie ihn am nächsten Morgen Stan in allen Einzelheiten beschrieb. Die beiden fassten den Traum als Zeichen auf, dass es an der Zeit war, endlich ihr Haus zu finden. Also gingen sie zu einem Immobilienmakler und machten sich auf die Suche. Als sie zwei Wochen später mit dem Makler wieder einmal eine Hausbesichtigung in Angriff nahmen, stockte Martha plötzlich der Atem. Aufgeregt flüsterte sie Stan zu: »Ich glaube, das hier ist das Haus, von dem ich geträumt habe!« Ein unerklärliches Gefühl des Wiedererkennens überfiel Martha, und Stan bekam bei diesem Gedanken eine Gänsehaut. Als sie das Badezimmer besichtigten, das wie in Marthas Traum im ersten Stock lag, fiel ihr Blick auf jenes Detail, an das Martha sich so lebhaft aus dem Traum erinnerte: das mit goldenen Rosen bemalte Waschbecken. »Das ist es!«, riefen sie beide gleichzeitig aus und baten den Makler, für sie ein Angebot abzugeben.

Der Eigentümer akzeptierte ihr Angebot und voller Freude füllten Martha und Stan den Antrag für den Bankkredit aus.

Doch einen Tag nachdem sie ihren Kreditantrag gestellt hatten, verlor Stan plötzlich seine Arbeit. Da Martha nicht berufstätig war, verließ das Ehepaar zunächst der Mut. »Wie sollen wir ohne festes Einkommen jemals einen Kredit bewilligt bekommen?«, fragten sie sich. Also baten sie im Gebet um Hilfe und übergaben die ganze Angelegenheit Gott. Sie sagten sich: »Wenn es Gottes Wille ist, werden wir das Haus bekommen.«

Nach nur zwei Tagen fand Stan eine Anstellung als Handelsvertreter auf Kommissionsbasis. Als das Ehepaar dies der Kreditsachbearbeiterin der Bank mitteilte, erwiderte sie zweifelnd: »Da Stan bisher keine Erfolgsbilanz als Handelsvertreter vorweisen kann, glaube ich nicht, dass der Kredit bewilligt wird. Ich habe noch nie erlebt, dass der Vorstand einen Kredit genehmigt hat, wenn der Antragsteller kein sicheres Einkommen nachweisen konnte.«

Die Bankangestellte dachte auf der menschlichen Ebene und war sich vermutlich nicht der Auswirkungen bewusst, die Gebete haben können! Sie war völlig perplex, als sie Stan und Martha am nächsten Morgen anrief und sagte: »Ich glaube es einfach nicht! Ihr Kredit wurde genehmigt!« Glücklich umarmten sich die beiden und zogen in ihr neues Haus mit den goldenen Rosen auf dem Waschbecken.

In den vielen Jahren, die ich nun schon Menschen befrage, welche Erfahrungen sie mit dem helfenden Eingreifen Gottes und der Engel in ihrem Leben gemacht haben, sind solche Geschichten für mich geradezu alltäglich geworden. Ich habe mit Dutzenden, ja Hunderten von Menschen gesprochen, die um göttliche Hilfe gebeten hatten, sei es beim Verkauf ihres alten oder beim Kauf eines neuen Hauses, bei der Bewilligung eines Kredits oder wenn es darum ging, genug Geld für Miete, Hypothek oder einen Umzug aufzutreiben. Ihre Geschichten beweisen eindeutig: Wenn Sie um Hilfe bitten, dann bekommen Sie sie auch, und zwar auf oft wunderbare Weise.

Mit den Engeln einkaufen

Den Engeln bereitet es große Freude, in unserer materiellen Welt helfend aktiv zu werden. Es braucht uns niemals peinlich oder unangenehm sein, sie um Hilfe zu bitten, und wir sollten nicht glauben, eine Bitte könnte zu trivial oder unbedeutend sein. Vielmehr sollten wir daran denken, dass die Engel hier sind, um unseren Weg sanft und eben zu machen, damit wir frei werden, Gottes helles Licht auszustrahlen. Wir alle wissen, dass wir an Tagen, an denen sich die Dinge zu unseren Gunsten entwickeln, viel heller leuchten. Wir gehen aufrechter, lächeln öfter und sind optimistischer. An solchen Tagen inspirieren wir auch andere Menschen dazu, nach den Sternen zu greifen. Zögern wir also nicht, den Himmel um Hilfe zu bitten, damit wir solch glückliche Tage möglichst oft erleben können!

Die Engel lieben es, Türen für uns zu öffnen. Wir können sie zum Beispiel bei der Suche nach verlorenen Gegenständen um Hilfe bitten und dann auf die Führung lauschen, die nach einer solchen Bitte stets zuverlässig erfolgt. Diese Führung kann uns in Form eines Gedankens, eines inneren Bildes, eines Gefühls oder einer innerlich hörbaren Stimme erreichen.

Eine Innenausstatterin erzählte mir einmal, wie die Engel ihr dabei halfen, einen bestimmten Dekorgegenstand zu finden, den eine Kundin sich für ihr Haus wünschte:

»Eine meiner Kundinnen wünschte sich bestimmte Accessoires für ihr neu eingerichtetes Schlafzimmer. Ich hatte schon vier Monate nach einer Alabasterlampe gesucht, die auf ihrer Wunschliste ganz oben stand. Auf dem Weg in ein Antiquitätengeschäft bat ich schließlich die Engel, mich zu dem zu führen, was ich suchte. Augenblicke später entdeckte ich nicht nur eine Alabasterlampe, sondern gleich zwei, und dazu noch

einige andere benötigte Accessoires, darunter zwei seltene, kostbare Nachttische. Mit den Engeln einzukaufen machte großen Spaß und ging unglaublich schnell.«

Eine meiner Bekannten, Gail Wiggs, machte eine ähnliche Erfahrung. Im Frühjahr und im Herbst besucht sie stets eine große Kunsthandwerksmesse in Phoenix. Sie freut sich immer auf das T-Shirt, das der Veranstalter zu jeder Messe drucken lässt, jedes Mal mit einer anderen schönen Seidenmalerei auf der Vorderseite. Allerdings sind diese Shirts heiß begehrt und daher immer sehr schnell ausverkauft. Gail fährt in der Regel schon sehr früh auf die Messe, damit sie noch eines ergattern kann. Im vergangenen Herbst erlaubte ihr voller Terminkalender es ihr leider nicht, frühzeitig zu der Messe zu kommen. Sie bat also ihre Engel, dafür zu sorgen, dass sie trotzdem noch ihr T-Shirt bekam.

Als Gail mit dem Shuttlebus zur Messe fuhr, war es bereits Nachmittag. Der Bus stoppte vor einem ihr unbekannten Eingang und der Fahrer verkündete, dies sei der letzte Halt. Gail betrat die Messe also von diesem Eingang aus, den sie sonst nie benutzt hatte, und stand plötzlich genau vor einem Informationsstand, an dem die Messe-T-Shirts hingen.

Es war nur noch ein einziges Shirt übrig, das Gail dann auch prompt kaufte. Während sie sich auf der Messe umschaute, warf Gail einen Blick auf die anderen Informationsstände und stellte fest, dass die Shirts überall ausverkauft waren. Gail bedankte sich bei ihren Engeln und in den nächsten zwei Monaten empfing sie klare Botschaften, die sie dazu anregten, eine eigene Firma zu gründen und T-Shirts mit Engelmotiven auf den Markt zu bringen. Zurzeit baut Gail eine solche Firma auf und es bereitet ihr großes Vergnügen, Artikel zum Verkauf anzubieten, die ihr selber immer schon so viel Freude gemacht haben.

Überlegen Sie gut, um was Sie bitten!

Mein Mann Michael und ich waren unterwegs zum Gepäckband, um nach einem Flug unsere vier großen Koffer abzuholen, die mit Materialien für mein Wochenendseminar gefüllt waren. Es war spät am Freitagabend und wir hatten großen Hunger.

Also sagte ich zu Michael: »Bitten wir Raphael, den Erzengel der Heiler und Reisenden, dass wir so schnell wie möglich an unser Gepäck kommen.« Dann zögerte ich, weil ich wusste, wie wichtig es ist, um das Richtige zu bitten. Wenn Sie eine gezielte Bitte an die Engel richten, sollten Sie sich besser vergewissern, dass Sie Ihre Bestellung auch klar und unmissverständlich aufgeben. Also formulierte ich meine Bitte an Raphael etwas klarer: »Ich meine nicht, dass du uns das Gepäck so schnell besorgen sollst, dass die Koffer auf den Boden fallen. Sorge bitte nur dafür, dass sie gleich als Erste über das Band rollen.«

Mit dieser Bitte glaubte ich, gegen alle Eventualitäten vorgesorgt zu haben, aber die Engel lehrten mich, wie wörtlich sie unsere Bestellungen nehmen. Als ich mich vom Gepäckband entfernte, um einen großen Gepäckwagen zu holen, hörte ich Michael nach mir rufen. Ich drehte mich um und sah, dass alle vier Koffer nebeneinander über das Band wanderten. So gelang es Michael nur, einen einzigen herunterzuheben. Wir mussten warten, bis die anderen drei das große Gepäckkarussell des internationalen Flughafens einmal umrundet hatten, und sagten uns: »Beim nächsten Mal werden wir genauer überlegen, um was wir bitten!«

Die Engel können auch technische Geräte heilen

Immer wenn der Motor unseres Familienautos streikte, betete meine Mutter. Verblüffenderweise ließ sich nach solchen affirmativen Gebeten der Motor jedes Mal wieder starten. Seither bitte ich bei Problemen mit mechanischen oder elektronischen Geräten immer um göttlichen Beistand.

Vor allem der Erzengel Michael vermag auf wunderbare Weise defekte Faxgeräte, Waschmaschinen und andere Gerätschaften zu heilen. Auch bei Computerabstürzen hat er mir immer wieder vorzügliche Hilfe geleistet.

Eine spirituelle Beraterin namens Johanna Vandenberg erzielte einmal ein ähnlich erfreuliches Resultat, als sie Michael um Hilfe bei einer Klempnerarbeit bat:

»Die Mutter meines Patensohnes hatte mich gebeten, ihren Wasserfilter zu wechseln, da sie gerade furchtbar in Zeitnot war. Ich befand mich also allein in ihrer Wohnung und versuchte ihr diesen Wunsch zu erfüllen. Es sah ganz einfach aus: ein Filter, der oberhalb der Spüle angebracht war. Ich brauchte also lediglich das Gehäuse abzuschrauben, eine neue Filterpatrone einzusetzen und das Gehäuse wieder festzuschrauben. Doch das Gehäuse ließ sich einfach nicht abheben. Es hatte sich verklemmt!

Nach 45 Minuten löste es sich endlich. Ich wechselte die Patrone und schraubte das Gehäuse wieder fest. Ich drehte das Wasser auf, da man es erst eine Viertelstunde durch den frischen Filter laufen lassen soll, ehe man es wieder benutzt. Aber das Wasser tropfte nur durch den Boden des Filtergehäuses, statt aus dem Hahn zu kommen! Ich schraubte das Gehäuse ab, schraubte es wieder an, doch das Wasser tropfte noch immer und ich fluchte. Die Familie kam bald wieder nach Hause und ich wollte den Schaden möglichst reparieren, ehe sie eintrafen.

In diesem Augenblick der Verzweiflung hob ich spontan die Hände und rief: ›Sankt Michael und Sankt Raphael, bitte helft mir, diesen Wasserfilter richtig zu montieren!‹ Ich nahm das Gehäuse erneut ab, schraubte es wieder an, drehte das Wasser auf, und diesmal funktionierte alles perfekt! Nach nur einer Minute! Später rief die Mutter meines Patenkindes mich an, bedankte sich begeistert und meinte, das gefilterte Wasser fließe nun zehnmal so kräftig wie vorher – wie ich das denn geschafft hätte?

Dabei hatte ich dieses Ding, mit dem ich mich eineinhalb Stunden lang vergeblich abgemüht hatte, schon aus dem Fenster werfen wollen! Dann halfen mir die Engel und das Problem löste sich ganz leicht, rasch und auf wunderbare Weise. Und die Familie hat nun wieder sauberes Wasser, das besser fließt als je zuvor.«

Die Erzengel zu Hilfe zu rufen ist also eine ausgezeichnete Methode, um Schwierigkeiten mit materiellen Objekten zu beseitigen. Andere Menschen, zum Beispiel meine Bekannte Sharon, eine Psychotherapeutin, ziehen es vor, ihre persönlichen Schutzengel um Hilfe zu bitten. Doch keine Bitte um Hilfe bleibt unbeantwortet, und wenn Sie himmlischen Beistand herbeirufen, brauchen Sie keine Angst zu haben, Sie könnten »die falsche Nummer« gewählt haben. Kürzlich halfen Sharons Schutzengel ihr bei der »Heilung« ihres Autos:

»Die Heizung meines Jeeps funktionierte nicht. Als ich am Montagmorgen zur Arbeit fuhr, fühlte ich ganz deutlich die Präsenz eines Engels, der auf dem Beifahrersitz Platz zu nehmen schien. Ich fragte ihn – beziehungsweise in diesem Fall sie – nach ihrem Namen und hörte eine innere Stimme sagen: ›Angela.‹

Einige Monate zuvor hatte ich darum gebeten, dass Engel mein Haus und meinen Jeep behüten sollten. Ich hörte innerlich, wie sie zu mir sagte, sie hüte meinen Jeep, seit ich darum gebeten hätte. Ich bat sie, den Engel zu kontaktieren, der für die Reparatur von Autoheizungen zuständig war, da meine jetzt schon seit zwei Wochen nicht mehr funktionierte. Ich empfing ein klares, intuitives Gefühl, dass Angela mir helfen würde. Und gleich am nächsten Abend arbeitete die Heizung wieder!«

9. KAPITEL

SPIRITUELLE SICHERHEIT DANK DER ENGEL

In Wahrheit ist diese Welt ein hundertprozentig sicherer Ort. Es scheint jedoch gefährlich zu sein, weil die Gedankenformen der Angst wie Spiegelbilder jede Furcht oder Sorge Gestalt annehmen lassen, die wir in unserem Bewusstsein beherbergen. Da wir die schöpferische Kraft unserer Gedanken manchmal in die falschen Bahnen lenken, helfen die Engel uns, indem sie uns vor den negativen Folgen dieses Denkens schützen.

Die Schutzengel

Gott und die Engel sorgen dafür, dass wir und unser gesamter Besitz behütet und geschützt sind. Natürlich ist es erforderlich, dass wir um ihre Hilfe bitten und dann auch wirklich der inneren Führung folgen, die wir erhalten. Meine Freundin Mary Ellen lernte diese Lektion in einem dramatischen Erlebnis, das beinahe tragisch geendet hätte. Sie und ihre Freundin Nancy, beide Collegestudentinnen Anfang 20, befanden sich mit sehr knappem Budget auf einer Deutschlandreise. Daher fuhren sie per Anhalter. Zwei Lastwagen der US-Armee hielten an und jeder nahm eine der Frauen mit. Ich lasse nun Mary den Rest der Geschichte in ihren eigenen Worten erzählen:

»Der Fahrer des Lastwagens, in den ich eingestiegen war, hatte eindeutig zweideutige Absichten. Er wurde zudringlich. Ich suchte nach einem Ausweg und betete um Hilfe. Ich sagte zu dem jungen Soldaten aus New York, dass ich nicht zu dieser Sorte Frauen gehöre, doch er erwiderte, das sei ihm egal. In diesem Moment sagte eine unsichtbare Stimme in meinem linken Ohr: ›Sag ihm, dass du es weitererzählst!‹

Ich konnte mir nicht vorstellen, dass das funktionieren würde, also sagte ich: ›Wie würde es Ihnen gefallen, wenn Ihre Schwester nach Europa käme und mit einem wildfremden Mann schliefe?‹ Ich hoffte, er würde einsehen, dass seine Schwester das niemals tun würde – und ich auch nicht.

Die unsichtbare Stimme in meinem linken Ohr wiederholte: ›Sag ihm, dass du es weitererzählst!‹ Ich glaubte, es sei Unsinn, so etwas zu sagen, und dass ein Vergewaltiger sich davon kaum beeindrucken lassen würde.

Komischerweise fand ich es überhaupt nicht seltsam, diese Stimme im Ohr zu hören. Vielleicht hätte ich ihn fragen sollen: ›Hören Sie diese leise Stimme auch?‹ Gut möglich, dass er mich dann für verrückt gehalten und in Ruhe gelassen hätte!

Stattdessen sagte ich: ›Wenn Sie mich nicht in Ruhe lassen, hole ich mein Messer raus.‹ Das klang ganz schön hart, auch wenn es sich nur um ein kleines Käsemesser zum Picknicken handelte. ›Beeindruckt mich nicht‹, entgegnete er, schob den Hemdärmel hoch und zeigte mir die vielen Messernarben auf seinen Armen, die er sich bei Straßenkämpfen in New York geholt hatte.

Ich dachte: Du lieber Himmel!

Die männliche Stimme an meinem linken Ohr brüllte: ›SAG IHM, DASS DU ES WEITERERZÄHLST!‹ Ich dachte: Wenn ein

Messer ihn schon nicht abschreckt, wieso sollte es diese Behauptung schaffen?

Aber mir fiel nichts anderes mehr ein. Also sagte ich: ›Ich werde es weitererzählen.‹

Sofort ließ er von mir ab. Ich war verblüfft. Er sagte: ›Das würdest du nicht tun!‹

Mein Verstand sagte mir: Hier bin ich, in einem Land, dessen Sprache ich nicht spreche, ich habe niemanden, den ich anrufen oder dem ich es erzählen könnte, und ich weiß noch nicht einmal, wo hier überhaupt die nächste Ortschaft ist.

Trotzdem sagte ich: ›Doch, ich werde es weitererzählen.‹

Er ließ den Motor an und fuhr mich schweigend bis zu dem Depot, wo der andere Lastwagen mit Nancy längst angekommen war. Sie hatte sich Sorgen um mich gemacht und war froh, als ich endlich eintraf. Ich habe ihr nie von der Stimme erzählt, aber ich weiß, dass Gott, die Engel und mein Bitten um Schutz mich gerettet haben.«

Ich selbst habe eine ähnliche Erfahrung gemacht, ebenfalls mit glücklichem Ausgang. In einem Fitnesscenter, das auf dem Dach eines Gebäudes untergebracht war, trainierte ich auf dem Laufband. Dabei bemerkte ich einen Mann, der unten auf der Straße im Wagen saß und immer wieder zu mir hinaufstarrte. Ich begann mich unbehaglich zu fühlen, als sei ich seine Beute.

Zuerst versuchte ich die Situation zu ignorieren oder wegzurationalisieren. Warum sollte mich überhaupt jemand anstarren? Schließlich war ich sehr unauffällig gekleidet: weiter Trainingsanzug, kein Make-up. Und doch sagte mir meine Intuition, dass dieser Mann keine guten Absichten hatte.

Ich hatte zwei Möglichkeiten: Ich konnte das Training abbrechen und gehen oder ich konnte auf der spirituellen Ebene etwas unternehmen. Ich entschied mich für Letzteres. Ich konzentrierte mich innerlich auf die Schutzengel dieses Mannes und sagte ihnen, dass der Mann mir

Angst machte und dass sie ihn bitte dazu bewegen sollten, von dort zu verschwinden. Ein Gefühl des Friedens überkam mich und ungefähr drei Minuten später hörte ich, wie er den Motor startete, und sah dankbar, dass er wegfuhr.

Eine Woche später erzählte mir eine Frau, sie habe bei drei unterschiedlichen Gelegenheiten beobachtet, dass dieser Mann mich anstarrte. Sie gab mir sein Autokennzeichen, da sie sein Verhalten beunruhigend fand. Doch seit ich an jenem Tag mit seinen Engeln gesprochen hatte, sah ich den Mann niemals wieder!

Schutz im Straßenverkehr

Die Engel schützen uns auf vielfältige Weise. Manchmal kann auch der langsame Autofahrer vor uns ein getarnter Engel sein. Eine Frau, die ich Rebekka nennen werde, erzählte mir die folgende Geschichte:

»Als ich einmal durch die Kleinstadt fuhr, in der ich früher gearbeitet hatte, bog vor mir plötzlich ein Wagen von einem Parkplatz auf die Straße. Der Fahrer fuhr ziemlich langsam vor mir her, viel langsamer, als ich normalerweise gefahren wäre. Als wir uns einer Ampelkreuzung näherten, sprang gerade die Ampel auf Grün. Auf der Querstraße überfuhr ein Auto die rote Ampel und rauschte in voller Fahrt über die Kreuzung. Hätte der Fahrer, der vor mir eingebogen und dann so langsam gefahren war, mich nicht aufgehalten, hätte ich mich in diesem Moment mitten auf der Kreuzung befunden und würde vermutlich jetzt nicht gesund und munter hier sitzen!«

Der Himmel schützt uns oft auch unter Umgehung aller irdischen Gesetzmäßigkeiten. Wenn Ihrem Auto beispielsweise der Sprit ausgeht, werden die Engel dafür sorgen, dass Sie Ihr Ziel trotzdem sicher erreichen. So kann es sein, dass sie Ihnen helfen, es doch noch bis zur nächsten Tankstelle zu schaffen, auch wenn der Sprit im

Tank eigentlich längst aufgebraucht sein müsste. Und falls Sie doch wegen Spritmangels liegen bleiben, schicken sie Ihnen rasch jemanden, der Ihnen aus der Klemme hilft.

Miriam, eine ältere Dame, die ich interviewte, erzählte mir, dass sie eines Nachmittags mit einer Reifenpanne auf einer einsamen Landstraße festsaß. Da sie nicht wusste, wie man einen Reifen wechselt, betete sie um Hilfe. Wenige Augenblicke später spazierten ein Mann und eine Frau die Straße entlang und boten ihr Hilfe an. Während sie an Miriams Wagen den Reifen wechselten, wunderte sie sich darüber, dass die beiden in dieser verlassenen Gegend einfach so zu Fuß vorbeigekommen waren. Weit und breit gab es kein einziges Haus. Nachdem das Paar den Reifen gewechselt hatte, verschwand es ebenso geheimnisvoll, wie es aufgetaucht war.

Wie Superhelden sind Engel sogar in der Lage, Materie zu beeinflussen, wenn es gilt, Unfälle zu verhüten. Karen Noe, eine spirituelle Beraterin aus New Jersey, lieferte den folgenden bemerkenswerten Bericht darüber, wie die Engel uns rettende Hilfe bringen können:

»Mein achtjähriger Sohn Timmy und ich befanden uns auf dem ziemlich steilen Parkplatz eines Supermarkts. Am Fuß dieses Hügels liegt eine stark befahrene vierspurige Straße. Während wir zu meinem Wagen gingen, sah ich einen Einkaufswagen mit rasch wachsendem Tempo bergab rollen, auf die Straße zu. Hätte er seine Fahrt fortgesetzt, wäre er auf die Straße gerollt und hätte dort gewiss einen schweren Unfall verursacht.

Als ich den Einkaufswagen bergab rollen sah, rief ich aus: ›Gott, halte bitte diesen Wagen an ... jetzt sofort!‹ Im nächsten Augenblick blieb der Wagen stehen, einfach so, mitten auf einem starken Gefälle! Weit und breit waren in der Nähe keine Leute zu sehen, doch dann tauchte wie aus dem Nichts ein Mann auf, der den Einkaufswagen in eine andere Richtung da-

vonschob und ihn hinter einer Parkplatzeinfassung abstellte, sodass er nicht mehr wegrollen konnte. Als ich mich umdrehte, weil ich meinen Sohn auf das, was da geschah, aufmerksam machen wollte, löste sich dieser ›Mann‹ buchstäblich in Luft auf!

Weil mein Sohn völlig daran gewöhnt war, dass wir bei jeder Gelegenheit die Engel um Hilfe bitten, sagte er einfach nur: ›Schon wieder ein Engel‹, als sei das für ihn das Alltäglichste auf der Welt (und das ist es ja auch).«

Karens Bitte um Hilfe in Verbindung mit ihrem unerschütterlichen Glauben an Engel ermöglichte dieses Wunder. Alles, was wir tun müssen, ist, um Hilfe zu bitten und wenigstens ein klein wenig Glauben aufzubringen – selbst wenn dieser Glaube schwach und schwankend ist.

Andererseits möchte ich aber auch betonen: Wenn Menschen tragische Verluste hinnehmen müssen, bedeutet dies keineswegs, dass Gott sie im Stich gelassen hätte. Der Tod geliebter Menschen kann viele Gründe haben, zu denen auch die Möglichkeit gehört, dass es für diese Person einfach an der Zeit war zu gehen. Dennoch glaube ich, dass die Engel uns helfen, Gefahren auszuweichen oder zumindest ihre Folgen zu mildern, wenn wir um Hilfe bitten und die sich dann einstellenden intuitiven Hinweise befolgen.

Das weiße Licht

Eine wundervolle Möglichkeit, Ihr Haus und Ihren Besitz zu schützen, besteht darin, sie mit weißem Licht zu umgeben. Weißes Licht ist eine Engelenergie, die über eine eigene Kraft und Intelligenz verfügt. Wenn Sie sich selbst oder Ihren Besitz mit weißem Licht umgeben, schaffen Sie damit einen sicheren Schutzschild. Jemand, der sich Ihnen oder dem mit weißem Licht umgebenen

Gegenstand mit bösen Absichten nähert, wird dann nicht in der Lage sein, irgendwelchen Schaden anzurichten. Solche Menschen werden den Zwang verspüren, Sie und Ihren Besitz in Ruhe zu lassen, ohne genau sagen zu können, was sie eigentlich von einem Übergriff abgehalten hat. In manchen Fällen werden solche Personen Sie oder Ihr Eigentum überhaupt nicht sehen, als mache das weiße Licht Dinge für die Augen von Menschen mit negativen Absichten unsichtbar.

Es ist ganz einfach, sich selbst, geliebte Menschen oder persönliches Eigentum mit weißem Licht zu umgeben. Schließen Sie dazu einfach die Augen und visualisieren Sie, wie weißes Licht die Person oder den Gegenstand einhüllt. Stellen Sie sich vor, dass dieses weiße Licht die Person oder den Gegenstand umgibt wie eine Eierschale. Sie brauchen nichts weiter zu tun, als sich dies klar und deutlich bildlich vorzustellen.

Wenn Sie nachts aus lauter Angst vor Einbrechern oder Feuer nicht schlafen können, wird Ihre gesunde Nachtruhe zurückkehren, wenn Sie die Engel um Hilfe bitten. Visualisieren Sie einfach, dass Ihr Haus von weißem Licht umhüllt ist. Dann visualisieren Sie, dass jede Tür von einem Schutzengel bewacht wird, und wenn Sie wollen, auch noch jedes Fenster. Wenn das Licht und die Schutzengel über Ihr Haus wachen, werden Sie tief und gut schlafen.

Ihre Kinder und andere geliebte Menschen können Sie ebenfalls mit dem weißen Licht als spirituellem Schutz umhüllen. Auch das Auto oder Flugzeug, mit dem ich reise, umgebe ich gern mit dem weißen Licht. Zudem bitte ich häufig darum, dass zusätzliche Engel das Fahrzeug beschützen, in dem ich mich befinde.

Zusätzlich können Sie sich immer dann in schützendes weißes Licht hüllen, wenn Sie einen Ort aufsuchen müssen, wo Negativität oder eine erdgebundene Mentalität vorherrschen. Wenn Sie medial begabt sind (also hellsichtig, intuitiv oder sensitiv), könnten Sie ansonsten anfällig dafür sein, die negative Energie einer solchen Umgebung zu absorbieren. Sensitive Menschen sind sich der Gefühle anderer besonders stark bewusst und neigen dazu, die Negativität ihrer Umwelt regelrecht aufzusaugen. Dadurch fühlen sie sich oft erschöpft oder mutlos.

Um solchen negativen Emotionen vorzubeugen, können Sensitive einen dreifachen Schutzschild aus Licht visualisieren, der sie umhüllt: zuerst eine Schicht aus weißem Licht, gefolgt von einer zweiten Schicht aus smaragdgrünem Licht, das heilend wirkt, und einer dritten Schicht aus violettem Licht. Diese dritte Schicht wirkt wie ein Puffer, der alle negativen Einflüsse abprallen lässt.

Die Engel sagen außerdem, dass Sensitive regelmäßig Zeit in der freien Natur verbringen sollten. Die Natur wirkt auf sensitive, medial feinfühlige Menschen wie ein »Rauchfresser« und reinigt sie von negativen Energien, die sie aus ihrer Umwelt aufgenommen haben. Außerdem raten die Engel Sensitiven nachdrücklich dazu, sich Topfpflanzen ans Bett zu stellen, insbesondere großblättrige Pflanzen, wie Zimmerlinde oder Philodendron. Während des Schlafs absorbieren die Pflanzen schädliche Rückstände oder Negativität aus dem Körper, ebenso wie sie Kohlendioxid aus der Luft aufnehmen.

Verlorene Gegenstände auffinden

Als kleines Mädchen verlor ich einmal auf dem Heimweg von der Schule meine Geldbörse. An jenem Abend weinte ich über mein Missgeschick, aber meine Mutter tröstete mich mit der folgenden Affirmation, die ich leise vor mich hin sagen sollte: »In Gottes Geist geht nichts verloren.« Sie sagte, auch wenn ich nicht wisse, wo meine Geldbörse geblieben sei, könne Gott sie doch jetzt in diesem Moment genau sehen.

Ich wiederholte immer wieder: »In Gottes Geist geht nichts verloren.« Schließlich schlief ich im festen Vertrauen ein, dass Gott mir meine Geldbörse wieder beschaffen würde. Als ich am nächsten Morgen die Augen aufschlug, lag meine kleine rote Geldbörse neben dem Bett. Meine Mutter schwört bis heute, sie hätte nicht das Geringste zu ihrem Wiederauftauchen beigetragen. Daher glaube ich, dass es sich um ein echtes Wunder handelte, ausgelöst durch meinen bedingungslosen Glauben an die Macht Gottes.

Ich habe diese Affirmation schon sehr vielen Menschen empfohlen und erhalte immer wieder Briefe von Leuten, die mir berichten, sie hätten verlorene Gegenstände ebenfalls auf wunderbare Weise wieder gefunden – nur mit Hilfe der Affirmation »In Gottes Geist geht nichts verloren«.

Sie können auch Ihre Engel bitten, Ihnen beim Auffinden verlorener Gegenstände zu helfen. Ich war gerade umgezogen und meine Büroausstattung war noch wild verstreut und in mehrere Kartons verpackt. Nun musste ich mehrere Rechnungen bezahlen, konnte aber mein Scheckbuch nicht finden. Also fragte ich meine Engel: »Wo sind meine Schecks?«

Sofort hörte ich eine Stimme sagen: *»Schau im Wandschrank nach!«*

Als ich den völlig voll gestopften Schrank öffnete, spürte ich, wie meine Aufmerksamkeit und meine Hände sofort zu einer großen Tasche gelenkt wurden. Darin befand sich mein Scheckbuch, genau wie die Stimme des Engels es gesagt hatte.

Eine Frau namens Jenny hatte ihre Schlüssel für Auto,

Wohnung und Postschließfach verloren. Zusammen mit ihrem Mann suchte sie überall, ohne Erfolg. Zwei Tage später standen sie und ihr Mann in der Garage und unterhielten sich. Sie wollte zum Einkaufen fahren und dafür das Auto ihres Mannes benutzen, da ja die Schlüssel ihres eigenen Wagens noch immer verschwunden waren. Dass sie die Schlüssel nicht finden konnte, ärgerte sie sehr und sie sagte laut zu Gott: »Bitte hilf mir jetzt sofort, meine Autoschlüssel wieder zu finden!« Sobald Jenny diesen Satz ausgesprochen hatte, fiel ihr Blick auf eine leere, auf dem Kopf stehende Thermoskanne. Sie schien irgendwie von innen heraus zu leuchten. Jenny fühlte sich unwiderstehlich von ihr angezogen. Ihr Mann bemerkte es nicht, da er gerade mit etwas anderem beschäftigt war.

Als sie die Thermoskanne anhob, kamen ihre Schlüssel darunter zum Vorschein. »Wie ist das möglich?«, fragte sie sich. »Ich weiß genau, dass ich zweimal unter der Kanne nachgesehen habe und dass sie zuvor nicht dort waren!« Da Jenny aber ein zutiefst gläubiger Mensch ist, stellte sie dieses kleine Wunder nicht infrage, das sich unmittelbar ereignet hatte, nachdem sie Gott um Hilfe anrief. Stattdessen beschloss sie, ihren Mann zu überraschen, der nichts mitbekommen hatte und in der Garage vor sich hin werkelte.

Rasch stieg Jenny in ihr Auto und hupte. »Tschüss, Liebling, ich fahre jetzt einkaufen!« Geistesabwesend winkte er ihr zu, doch als Jenny den Wagen hinaus in die Auffahrt setzte, wurde ihm plötzlich klar, dass sie ein Auto fuhr, für das sie doch eigentlich gar keine Schlüssel hatte! Verdutzt lief er hinter ihr her, und als Jenny ihm erklärte, wie Gott die Schlüssel wieder beschafft hatte, mussten sie beide lachen.

Der Himmel hilft uns auch, ruinierte Gegenstände zu ersetzen. Diese Erfahrung machte die spirituelle Beraterin Maria Stephenson, die ich Ihnen bereits vorgestellt habe:

»Man hatte mich zu einem Empfang eingeladen, bei dem festliche Garderobe vorgeschrieben war. Also kaufte ich in einem sehr exklusiven Geschäft eine elegante Bluse für 150 Dollar. Das war ein ziemliches Ereignis für mich, denn normalerweise bin ich eine typische ›Schnäppchenkäuferin‹, die selten mehr als 25 Dollar für ein Kleidungsstück ausgibt. Diese Bluse wollte ich ab jetzt an Festtagen und zu anderen besonderen Anlässen tragen.

Etwa einen Monat nach besagtem Empfang brauchte eine gute Freundin dringend etwas Festliches zum Anziehen. Also lieh ich ihr meine Bluse. Anschließend brachte sie sie in die Reinigung und dabei wurde die Bluse vollkommen ruiniert. Meine Freundin war verzweifelt und bekam die ganze Nacht kein Auge zu. Sie hatte bei der Reinigung und bei dem Geschäft, wo ich die Bluse gekauft hatte, nachgefragt, aber beide verlangten den Kassenbon, sonst sei an eine Erstattung überhaupt nicht zu denken. Sie wollte mir eine neue Bluse kaufen, doch in dem Geschäft waren keine weiteren vorrätig. Ich war enttäuscht über den Verlust, noch mehr aber tat mir meine Freundin Leid.

Nun konnte ich aber dummerweise den Kassenzettel nicht finden. Ich stellte bei mir zu Hause alles auf den Kopf und gelangte zu dem Schluss, dass ich die Sache wohl abschreiben musste. Ich hatte jedoch gerade an einem Seminar von Doreen teilgenommen und dachte an das, was sie uns über die Kommunikation mit unseren Engeln gesagt hatte.

Also bat ich meine Engel: ›Wenn ich diesen Kassenzettel noch habe, könnt ihr mir dann bitte zeigen, wo er ist?‹ Sofort empfing ich den deutlichen Impuls, das Schubfach in der Küche zu durchsuchen. Die Botschaft war so deutlich, dass ich auf dem Absatz kehrtmachte, zielstrebig zu der Schublade ging und sie aufzog. Ich wusste einfach, dass der Kassenzettel sich darin befand. Und ich hatte Recht!

Ich lachte, bedankte mich bei den Engeln und brachte den Kaufbeleg meiner Freundin. Sie sagte mir, sie würde damit zu der Reinigung gehen, um die Bluse ersetzt zu bekommen. Doch am nächsten Tag überraschte sie mich mit der Bluse! Sie war auf gut Glück doch noch einmal in das Geschäft gegangen und sie hatten wieder ein Exemplar dieser Bluse hereinbekommen, ›zufällig‹ auch noch genau in meiner Größe. Sie waren sehr freundlich und tauschten die beschädigte Bluse anstandslos um. Meine Engel haben mir also nicht nur geholfen, diesen Kassenzettel wieder zu finden, sondern auch noch dafür gesorgt, dass eine neue Bluse auf mich wartete!«

Verlorenes und wieder gefundenes Geld

Zu den besonders herzerwärmenden Geschichten über göttliches Eingreifen, die mich erreichen, gehören die Erlebnisse von Leuten, die ihre Geldbeutel oder Brieftaschen verloren und auf wundersame Weise zurückerhalten haben. Diese Geschichten bestärken mich nicht nur in meiner Überzeugung, dass Gott und die Engel über uns wachen, sondern auch in meinem Glauben an das Gute im Menschen. Eine Beraterin namens Gayle Earle erzählte mir die folgende inspirierende Geschichte darüber, wie ihre Engel und freundliche Menschen ihr halfen, ihre Geldbörse wieder zu finden:

»Ich hatte meine Geldbörse im Lebensmittelgeschäft in meinem Einkaufswagen liegen lassen. Ohne es zu bemerken, fuhr ich nach Hause, packte meine Einkäufe aus und fuhr gleich weiter zum nächsten Geschäft. Ich fragte meine Engel: ›Okay, in welchem Geschäft soll ich heute die anderen Dinge einkaufen, die ich noch brauche?‹ Ich empfing keine eindeutige Antwort von ihnen, was ich ziemlich frustrierend fand. Doch dann erhielt ich die deutliche Botschaft: ›Weißt du, wo deine Geldbörse ist?‹ Ich schaute nach und konnte sie nicht finden.

Etwas veranlasste mich, zurück zum Lebensmittelgeschäft zu fahren. Jemand hatte meine Geldbörse an der Kasse abgegeben und es fehlte kein einziger Cent.

Unsere Welt ist voll von liebevollen, ehrlichen Menschen und ich fühle mich gesegnet, hier leben zu dürfen.«

In einer anderen Geschichte über verlorenes und wieder gefundenes Geld baten zwei Heilerinnen namens Rachelle und Mary Lynn den Erzengel Michael, über ihre verschwundene Geldbörse zu wachen:

Rachelle und Mary Lynn waren mit dem Auto unterwegs von Pittsburgh nach Cleveland und machten zum Abendessen Rast in einem Restaurant. Eine Stunde später hielten sie an einer Tankstelle. Mary Lynn griff nach ihrer Geldbörse, um die Tankrechnung zu bezahlen, doch erschrocken bemerkte sie, dass sie das Portemonnaie im Restaurant liegen gelassen hatte.

Da beide Frauen fest an die Macht der Engel glauben, besonders an den Erzengel Michael, baten sie ihn sofort, über Mary Lynns Geldbörse zu wachen. Dann bejahten sie: »Alles ist in perfekter göttlicher Ordnung.« Diese Affirmation sollte ihnen helfen, sich fest im Glauben zu verankern.

Auf der Rückfahrt zum Restaurant baten sie die Engel, ihnen den Weg zu weisen, da sie sich nicht mehr genau an die Route dorthin erinnern konnten. Sie spürten die Gegenwart der Engel, die sie führten und beruhigten. Sie fuhren an der richtigen Ausfahrt von der Autobahn ab, fanden das Restaurant auf Anhieb und der Oberkellner überreichte Mary Lynn ihre Geldbörse, deren Inhalt – Kreditkarten und 200 Dollar in bar – unangetastet war.

Einen Monat später musste Mary Lynn den Erzengel Michael erneut wegen eines verschwundenen Gegenstands um Hilfe bitten. Als Fachkrankenschwester wird Mary Lynn auf verschiedenen Stationen ihres Krankenhauses eingesetzt und hat keinen festen Schreibtisch oder Spind. Sie bewahrt alle ihre persönlichen Gegenstände in einem Aktenkoffer auf, einschließlich Schlüssel, Geld und Terminplaner.

Eines Nachts war Mary Lynn mit einem Notfall beschäftigt, der intensive Betreuung benötigte. Dabei blieb ihr Aktenkoffer unbeaufsichtigt. Nach der Operation war der Koffer verschwunden! Sofort bat sie Michael, ihn aufzufinden. Gleichzeitig sandte sie Segen und göttliche Liebe zu der Person, die den Koffer an sich genommen hatte. Nach nur einer Stunde wurde Mary Lynn vom Sicherheitsdienst des Krankenhauses angerufen. Ihr Koffer war gefunden worden und auch diesmal fehlte vom Inhalt nicht ein Stück.

Immer wenn wir etwas verlieren, sollten wir unbedingt um spirituelle Hilfe bitten. Häufig erzählen mir Leute, sie hätten stundenlang nach einem verschwundenen Gegenstand gesucht. Dann kamen sie endlich auf den Gedanken, Gott und die Engel um Hilfe zu bitten, und – schwupp! – innerhalb von Minuten fand sich das Vermisste wieder ein. Auch eine Frau namens Maggie machte diese Erfahrung:

Maggie, eine Studentin, die sich nebenbei als Kellnerin Geld verdiente, hatte ihren Verdienst vom Vorabend, 65 Dollar, sorgfältig in einem Umschlag in ihrer Handtasche verstaut. Nach der Arbeit kaufte sie unterwegs etwas zum Essen ein, wofür sie fünf Dollar aus dem Umschlag nahm.

Am nächsten Morgen konnte sie den Umschlag mit dem Geld nirgendwo finden. Nach mehrstündiger vergeblicher Suche wandte sie sich schließlich verzweifelt an Gott und die Engel und bat um Hilfe.

Als Antwort empfing sie sofort ein deutliches inneres Bild der Tüte, in der die Lebensmittel verpackt gewesen waren. Sie ging zur Mülltonne, öffnete die Tüte und darin lag der Umschlag mit dem Geld!

Engel als Gedächtnisstütze

Eine Teilnehmerin meiner Seminare berichtete mir:

»Als ich gestern zur Arbeit fuhr, hörte ich eine Stimme in

meinen Kopf, die mir sagte, die Kaffeemaschine sei nicht ausgeschaltet. Normalerweise mache ich mir darüber keine Gedanken, weil mein Mann der Einzige ist, der bei uns Kaffee trinkt, und sich daher immer um die Zubereitung kümmert. Doch die Stimme klang drängend und warnend.

Also rief ich über Handy meinen Mann in seinem Wagen an. Ich fragte ihn, ob er daran gedacht hätte, die Kaffeemaschine auszuschalten. ›Na so was, das habe ich doch glatt vergessen!‹, rief er aus. Er kehrte sofort um und schaltete sie aus, dankbar, dass die Engel so gut über unser kostbares Zuhause wachten.«

Engel im Straßenverkehr

Die meisten Engelgeschichten, die ich zu hören bekomme, drehen sich ums Autofahren. Wenn wir mit dem Auto unterwegs sind, geben unsere Engel gut auf uns Acht, da sie nicht möchten, dass uns vor der Zeit etwas zustößt. Natürlich können sie nur begrenzt Einfluss nehmen und uns beispielsweise Warnrufe ins Ohr flüstern. Unser freier Wille erlaubt es uns jederzeit, die Bitten der Engel zu ignorieren.

Bei einer Radiosendung befragte mich eine Anruferin zu den Engeln, die bei ihr waren. »Da ist ein großer weiblicher Engel, der dicht neben Ihrer rechten Schulter steht«, sagte ich. »Sie wischt sich den Schweiß von der Stirn und zeigt mir, dass sie Ihnen hilft, wenn Sie Auto fahren, und dass sie Sie dabei schon vor etlichen Unfällen bewahrt hat. Offenbar halten Sie sie mächtig auf Trab. Sagen Sie, fahren Sie vielleicht öfter wie eine Verrückte?«

»Na ja, eigentlich nicht«, kam die schüchterne Antwort, »aber ich schminke mich immer während der Fahrt zur Arbeit.«

Ich sah diese Frau vor mir, wie sie beim Fahren das Gesicht vor den Rückspiegel hielt, um Lippenstift aufzutragen, während ihr Engel verzweifelt ins Steuer griff. Die Engel lieben uns sehr und helfen uns gern, aber sie möchten doch, dass wir uns beim Autofahren aufmerksam und umsichtig verhalten!

Die nachfolgende Geschichte, die mir von einer Frau namens Lynette erzählt wurde, ist ein besonders typisches Beispiel für rettendes göttliches Eingreifen:

»Ich fuhr auf der linken Spur, als plötzlich eine Stimme in meinem Kopf sagte: ›Fahr sofort langsamer!‹ Ich ging etwas vom Gas und im nächsten Moment tauchte wie aus dem Nichts ein Wagen aus einer Querstraße auf. Ich musste eine Vollbremsung machen, um dem anderen Wagen nicht voll in die Seite zu fahren. Nur ein paar Zentimeter vor ihm kam ich zum Stehen! Erstaunlicherweise war ich überhaupt nicht geschockt oder zittrig – ein wenig verblüfft, ja, aber meine Knie zitterten nicht, wie ich es in einer solchen Situation eigentlich erwartet hätte. Ich konnte meine Fahrt relativ ruhig und gelassen fortsetzen.«

Manche Berichte über göttliche Interventionen sind wirklich haarsträubend, etwa die von David:

David fuhr auf einer stark befahrenen Autobahn in Südkalifornien, als er plötzlich bemerkte, wie der Zeiger seiner Tankuhr rasant in den roten Bereich wanderte. Seltsam, dachte David, ich habe den Wagen doch eben erst voll getankt – ob ich vergessen habe, den Tankdeckel aufzuschrauben? Als der Zeiger die untere Markierung erreichte und die Reservelampe aufleuchtete, hielt David auf dem Seitenstreifen an, um nachzusehen, was los war.

Kurz nachdem er gestoppt hatte, hörte David ein lautes Krachen. Auf der Spur, die er eben verlassen hatte, war es zu einem schweren Auffahrunfall gekommen, an dem drei Wagen beteiligt waren. Hätte David nicht angehalten, wäre er ganz sicher in den Unfall verwickelt worden!

Er sprach ein Dankgebet und betete auch für die Betroffenen des Unfalls. Dann stieg er vorsichtig aus, um nach dem Tank-

deckel zu schauen, der jedoch ordnungsgemäß verschlossen war. David startete den Motor wieder und sah verblüfft, wie die Tankanzeige auf VOLL wanderte. Nie zuvor hatte er bei seinem sehr zuverlässigen Auto Probleme mit der Tankanzeige gehabt – und auch seither ist dieses Problem nie wieder aufgetreten. David ist überzeugt, dass Gott und die Engel seine Tankanzeige manipulierten und ihn so davor bewahrten, in einen schweren Unfall verwickelt zu werden. Offensichtlich kannten sie David gut genug, um zu wissen, dass er bei einem solchen Problem sofort anhalten und nach der Ursache suchen würde!

Wie uns Davids Geschichte zeigt, können die Engel die Materie beeinflussen und, wenn nötig, auch Wunder vollbringen. Madison, ein Heiler aus Utah, erlebte, dass die Engel sogar die Gesetze der Physik außer Kraft setzen können:

»Ich fuhr auf der rechten Spur einer vierspurigen Straße. Ein Wagen fuhr vor mir, ein anderer links neben mir. Plötzlich trat der Fahrer vor mir auf die Bremse. Ich musste nach links ausweichen, um nicht aufzufahren. Eigentlich hätte ich dabei gegen den Wagen links von mir prallen müssen. Aber im Rückspiegel sah ich, dass der Wagen, der eben noch links neben mir gefahren war, sich plötzlich ungefähr sechs Wagenlängen hinter mir befand. Für mich steht zweifelsfrei fest, dass meine Engel mich gerettet haben.«

Wie Engel die Zeit manipulieren

Viele Menschen, ich eingeschlossen, haben schon erlebt, dass Engel uns helfen können, Termine einzuhalten. Eine Frau berichtete, dass sie eine Freundin vom Flughafen abholen sollte, sich jedoch hoffnungslos verspätet hatte:

»Es gab, rein physisch gesehen, keine Chance mehr, rechtzeitig bis zur Ankunft des Fluges dort anzukommen, also bat ich meine Engel um Hilfe. Irgendwie erreichte ich den Flugha-

fen, fand einen Parkplatz und war sogar noch fünf Minuten zu früh am Gate, obwohl der Flug pünktlich eintraf! Es war, als hätten die Engel für mich die Zeit manipuliert, eine Art Zeitverzerrung erzeugt, denn die Fahrt zum Flughafen dauert normalerweise eine Stunde. An diesem Tag benötigte ich aber nur 30 Minuten, obwohl ich nicht schneller als sonst fuhr und auch keine andere Route benutzte.«

Eine andere Frau erzählte mir eine sehr ähnliche Geschichte:

»Ich hatte verschlafen und brach 20 Minuten später als sonst von zu Hause auf. Ich bat meine Engel mitzuhelfen, dass ich rasch, sicher und ohne Stress zu meiner Arbeitsstelle gelangte. Normalerweise benötige ich für die Fahrt 30 bis 40 Minuten. Doch an diesem Tag schaffte ich es in nur 15 Minuten! Es herrschte erstaunlich wenig Verkehr, nur zwei Ampeln standen auf Rot und an diesen musste ich nur wenige Augenblicke warten. Trotzdem fuhr ich nie schneller als erlaubt und traf sogar noch ein paar Minuten zu früh ein! Danke, Engel.«

Hätte ich nicht selbst schon ähnliche »Zeitverzerrungen« erlebt, würde ich solche Geschichten vermutlich unglaubwürdig finden. Aber mir ist dergleichen selbst mehrfach passiert und ich habe von so vielen dieser Erlebnisse gehört, dass ich sie als ganz normale Vorgänge betrachte, die wir uns zunutze machen können. Dazu brauchen wir die Engel lediglich um Hilfe zu bitten.

Patti, eine Seminarteilnehmerin, berichtete von dem folgenden, etwas weniger mystischen Erlebnis:

»Als ich mich eines Abends nach dem Besuch bei einer Freundin auf dem Heimweg befand, fuhr ich auf einer anderen Strecke als sonst. Ich sagte mir einfach: ›Ich werde göttlich geführt‹, und hatte das Gefühl, von unsichtbaren Mächten sicher über Straßen gelenkt zu werden, die ich noch nie benutzt hatte. Tatsächlich brauchte ich für die Fahrt von ihrem Haus zu meinem 15 Minuten weniger als sonst!«

Sicherheit im Beruf

Einmal veranstaltete ein Radiosender im Mittleren Westen mit mir Engel-Readings per Telefon. Es fällt mir sehr leicht, die Engel eines Menschen zu sehen, ganz gleich, ob ich diesem Menschen gegenübersitze oder über das Telefon mit ihm kommuniziere. Unser spirituelles Sehvermögen, unsere Hellsichtigkeit, ist nicht so eingeschränkt wie unser physischer Gesichtssinn.

Ein Anrufer bei dieser Radiosendung berichtete, er arbeite als Feuerwehrmann und sei am Abend zuvor nur knapp dem Tod entronnen. »Jemand hat mir geholfen, heil aus diesem brennenden Haus herauszukommen«, sagte er atemlos. »Das weiß ich genau! Ich konnte die Gegenwart und die Hände von jemandem spüren, der mir nach draußen half. Doch es waren keine anderen Feuerwehrleute in meiner Nähe. Ich war vollkommen allein und daher weiß ich, dass es ein Engel war, der mir das Leben rettete. Ich habe eine Idee, wer das gewesen sein könnte, möchte mich aber vergewissern. Können Sie mir sagen, wer mein Schutzengel ist? Wer hat mir gestern Abend das Leben gerettet?«

»Ja, es ist Ihr Großvater«, sagte ich. Ich hatte den älteren Herrn die ganze Zeit zur Rechten des Anrufers stehen sehen. Der Großvater zeigte mir, wie sehr er seinen Enkel liebte. Darum beschützte er ihn vor allen Gefahren.

Der Anrufer war über diese sofortige Bestätigung zutiefst begeistert. »Ich wusste es!«, rief er aus. »Mein Großvater ist vor drei Monaten gestorben. Ich halte gerade seinen Totenschein und ein Foto von ihm in den Händen. Ich wusste, dass er es war, der mein Leben gerettet hat! Sagen Sie ihm bitte, wie dankbar ich ihm bin, ja?«

»Er kann Sie jetzt in diesem Moment hören«, erwiderte ich. »Er weiß, dass Sie dankbar sind, und er weiß auch, dass Sie ihn sehr lieben. Und er liebt Sie sehr.«

Auch im Berufsleben wachen die Engel über unsere Sicherheit. Sie greifen ein, wenn wir in eine lebensgefährliche Situation geraten, bevor unsere Zeit gekommen ist. Dieser Feuerwehrmann erlebte solch eine rettende Tat eines Schutzengels, der sich als sein verstorbener Großvater entpuppte.

Damit sie für Sicherheit in unserem Berufsalltag sorgen können, müssen wir Gott und den Engeln aber die Erlaubnis zum Eingreifen geben. Das Gesetz des freien Willens besagt, dass sie uns nur helfen können, wenn wir selbst oder jemand, der uns liebt – das können ein Elternteil, der Partner, aber auch andere uns nahe stehende Personen sein –, sie um Hilfe bitten.

Polizisten betrachten den Erzengel Michael als ihren Schutzpatron, weil er über sie wacht und sie beschützt. Viele Gesetzeshüter tragen Anstecknadeln oder Bilder dieses Erzengels als Erinnerung daran, ihn um Hilfe zu bitten. Michaels Schutzwirkung beschränkt sich selbstverständlich nicht auf Polizisten. Wie ein echter Supermann ist Michael in der Lage, gleichzeitig all jenen zu helfen, die ihn um Beistand und Schutz bitten.

Bitten Sie den Erzengel Michael, Ihnen beizustehen und Sie zu leiten. Er wird Sie sehr laut und deutlich vor jeder Gefahr warnen. Michael hilft allen Menschen, unabhängig von ihrer Religionszugehörigkeit, und sogar Ungläubigen. Dazu müssen Sie ihn lediglich um Unterstützung bitten. Alles Weitere können Sie getrost ihm überlassen.

Außerdem finde ich es hilfreich, sich vorzustellen, dass alle Arbeitsgeräte und der Arbeitsplatz von weißem Licht umhüllt sind. Wie schon erwähnt, ist das weiße Licht eine Form von Engelenergie, die über eine eigene Intelligenz, Macht und Lebenskraft verfügt. Wenn Sie visualisieren, dass ein Arbeitsgerät von weißem Licht umgeben ist, schützen Sie es damit vor Beschädigung und Diebstahl. Ihre Intuition wird Ihnen sagen, ob Sie diese »Lichtbehandlung« regelmäßig wiederholen müssen oder ob eine einmalige Schutzversiegelung mit weißem Licht genügt.

Wenn Sie sich Sorgen um die Sicherheit Ihrer berufstätigen Angehörigen machen, können Sie auf geistigem Wege darum bitten, dass ihnen zusätzliche Engel zur Seite stehen. Visualisieren Sie, dass die geliebte Person von schützendem weißem Licht umgeben ist. Sie können ganz unbesorgt sein: Die Engel und das Licht werden niemals den freien Willen des Betreffenden missachten. Sie werden aber einen Schutzschirm erzeugen, der negative Energien von Ihren Angehörigen fern hält.

Frieden und Ruhe

Die Engel wissen, dass Lärm ein starker Stressfaktor ist, der an unseren Nerven zehren, unsere Nachtruhe stören und uns unseres geistigen Friedens berauben kann. Wenn wir die Engel um hilfreiches Eingreifen bitten, sind sie glücklicherweise in der Lage, uns in jeder Lebenslage himmlische Ruhe zu bescheren.

Der Gastgeber einer Radiotalkshow erzählte mir einmal, wie sein Schutzengel ihm zu einem ruhigen und friedvollen Morgen verholfen hatte. Es war an einem Samstag gegen sieben Uhr früh und er hatte eigentlich vorgehabt, sich an diesem freien Tag einmal richtig auszuschlafen. Doch der Hund des Nachbarn bellte unaufhörlich. »Bei diesem Gekläffe bekommt man ja kein Auge zu!«, dachte er ärgerlich. Dann fiel ihm ein, dass ich in seiner Sendung in der vorigen Woche ein Engel-Reading für ihn abgehalten hatte. Ich hatte ihm gesagt, der Name seines Schutzengels sei Horatio und er könne diesen Engel in absolut jeder Angelegenheit um Hilfe bitten. »Also beschloss ich, Horatio als Helfer einzuspannen«, erzählte er. »Ich sagte im Geiste zu Horatio: ›Bitte sorge dafür, dass dieser Hund zu bellen aufhört, sofort!‹ Im nächsten Augenblick verstummte der Hund und bellte während des ganzen Morgens kein einziges Mal. Seither dürfen Sie mich zu den Engelgläubigen zählen!«

Ich reagiere sehr empfindlich auf Lärm, weil meine Ohren darauf eingestellt sind, die Stimmen der Engel zu hören. Als in einem Seminarzentrum kürzlich der Feueralarm ausgelöst wurde und sich nicht abstellen ließ (es handelte sich um einen Fehlalarm), war ich daher fest entschlossen, dem Lärm möglichst schnell ein Ende zu machen. Das Feueralarmsystem bestand aus blinkenden Lichtern an den vier Ecken des Seminarraumes und einem sehr lauten, schrillen Alarmton, der alle zwei Minuten erschallte.

Es waren bereits ein paar meiner Schüler anwesend. Wir scharten uns also zu einem Kreis zusammen, kurz bevor mein Vortrag beginnen sollte. Gemeinsam baten wir die Erzengel Michael und Raphael, den Feueralarm abzustellen. Ich bat verstorbene Feuerwehrleute und Techniker, uns zu Hilfe zu kommen. Dann übergaben wir die Sache Gott. Ich fühlte die Gewissheit, dass der Feueralarm verstummen würde, sobald ich meinen Vortrag begann.

Einige Augenblicke später, als der Veranstalter mich dem Publikum vorstellte, hörten die Lichter plötzlich auf zu blinken. Alle Anwesenden blickten erstaunt umher. Tatsächlich war der Feueralarm genau in dem Moment verstummt, als ich das Podium betreten hatte. Bittet, und es wird euch gegeben!

Als ich eine Woche später bei einem anderen Vortrag erneut durch Lärm belästigt wurde, funktionierte diese Methode wieder so gut, dass ich beschloss, sie auch in einer ganz anderen Situation anzuwenden: Ich saß am

Strand und entspannte mich nach einer langen, anstrengenden Arbeitsphase. Mir standen ungefähr zwei Stunden Erholungszeit zur Verfügung, als sich plötzlich zwei junge Männer neben mich setzten und ihren Ghettoblaster einschalteten, aus dem laute Rapmusik dröhnte.

Also führte ich ein mentales Gespräch mit den Schutzengeln der beiden jungen Männer. Ich sagte zu ihnen: »Teilt ihnen bitte mit, dass ihre Musik mich stört und dass sie sie bitte leiser stellen sollen.« Ich wusste, dass die Engel versuchen würden, mir zu helfen, aber ich war mir nicht sicher, ob die jungen Männer auf ihre Engel hören oder die Stimme ihres Gewissens ignorieren würden. Doch Augenblicke später schalteten sie den Ghettoblaster aus. Die Engel um Hilfe zu bitten funktioniert immer!

Steve Allen, mein Manager, fand die Richtigkeit dieser These bestätigt, als wir bei mir zu Hause eine Reportage für einen der großen nationalen Fernsehsender drehten. Während des Interviews machte mein Kühlschrank eine Menge Lärm. Steve bat innerlich seine Engel, die Kühlschrankgeräusche zu dämpfen, und in dem Moment, als er diese Bitte geäußert hatte, schaltete sich der Motor des Kühlschranks ab! Obwohl Steve ein sehr gläubiger Mensch ist, war sogar er überrascht, wie prompt sein Wunsch erfüllt wurde.

10. KAPITEL

Probleme aus früheren Leben mithilfe der Engel heilen

Als Therapeutin hat mich die Beschäftigung mit früheren Leben immer fasziniert. Jahrelang war ich aber der Auffassung, dass es sich bei Reinkarnationserinnerungen um bloße Phantasien handelt, auch wenn der therapeutische Wert kathartischer Rückführungssitzungen unübersehbar war. Natürlich habe ich lange Zeit auch nicht an die Existenz von Engeln oder an ein Leben nach dem Tod geglaubt! Allem Esoterischen gegenüber empfand ich mich als rationale Skeptikerin. Es brauchte einige Wunder, bis ich bereit war, mich für die Idee einer geistigen Welt zu öffnen.

Doch auch schon zu einer Zeit, als ich die Vorstellung von Reinkarnation noch für Unsinn hielt, musste ich ihren therapeutischen Wert zur Kenntnis nehmen. Viele Patienten mit Phobien gelangten erst durch eine Rückführung in frühere Leben zu einer Heilung. Da war zum Beispiel eine Frau, die unter zwanghaften Essattacken litt und auf keine traditionelle Therapiemethode ansprach. Als sie sich einer Hypnosebehandlung unterzog, um das ursprüngliche Trauma aufzudecken, das für ihre Esssucht verantwortlich war, sah sie vor ihrem inneren Auge

Szenen aus einem früheren Leben, in dem sie qualvoll verhungert war. Nach dieser Sitzung normalisierte sich ihr Appetit und sie nahm ab.

Spielt es dabei eine Rolle, ob die Frau tatsächlich eine reale Erinnerung an ein früheres Leben hatte? Nein! Es kommt allein auf das Hier und Jetzt an, denn eine Heilung kann immer nur in der Gegenwart erfolgen.

In meinem Buch *Divine Guidance** beschreibe ich praktische Methoden, wie Sie klar verständlichen himmlischen Rat empfangen können. Doch den Rat zu hören genügt nicht. Wir müssen ihn auch befolgen, die göttliche Führung in konkretes Handeln umsetzen. Wenn es Ihnen schwer fällt, die göttliche Führung in Ihrem Alltag anzuwenden, wenn Sie das Gefühl haben, auf der Stelle zu treten und in Ihrer persönlichen Entwicklung keine Fortschritte zu machen, könnte dieses Problem aus einem früheren Leben herrühren. Beispielsweise empfingen viele Klientinnen und Klienten, mit denen ich gearbeitet habe, die göttliche Botschaft, dass sie spirituelle Berater oder intuitive Therapeuten und Heiler werden sollten. Doch sosehr sie sich danach sehnen, dieses Ziel zu verwirklichen, so groß sind auch die Ängste, die ihrem Erfolg im Wege stehen.

In vielen Fällen sind diese Heilerinnen und Heiler in früheren Leben wegen ihrer intuitiven oder heilerischen Fähigkeiten verfolgt und getötet worden. Ich habe mit Menschen gearbeitet, die in mehreren früheren Leben geköpft, auf dem Scheiterhaufen verbrannt oder auf andere grausige Weise ermordet wurden, weil die Kirche oder die damaligen politischen Machthaber ihre intuitiven Talente als Bedrohung empfanden. Sie starben als Opfer der Inquisition oder der Hexenverfolgungen. Ist es

---

* Doreen Virtue: *Divine Guidance.* Bisher nicht in deutscher Sprache erschienen.

da verwunderlich, dass sie tiefe Furcht verspüren, wenn sie nun in diesem Leben wieder zu einer Tätigkeit als spirituelle Berater oder Heiler hingeführt werden? Im Gegenteil, es ist eine sehr intelligente Reaktion, sich in einem solchen Fall zu sagen: »Nein danke, ich bin schon einmal (oder mehrfach) ermordet worden, weil ich Gebrauch von meinen intuitiven Fähigkeiten gemacht habe. Also ist es wohl besser, wenn ich meine Begabung in diesem Leben vor anderen verberge.«

Ob Sie nun an frühere Leben glauben oder nicht, Sie können auf jeden Fall etwas tun, um für die göttliche Führung in Ihrem *jetzigen* Leben offener zu werden. Wie schon gesagt, lässt die göttliche Führung sich ganz konkret und praktisch dafür nutzen, ein glücklicheres, harmonischeres Leben zu führen. Viele Menschen schotten sich jedoch unbewusst gegen die Botschaften ihrer göttlichen Führung ab. Oder sie hören diese Botschaften zwar, befolgen sie aber nicht. Die Folge sind unbeantwortete Gebete – nicht, weil Gott und die Engel die Gebete ignorieren, sondern weil die göttliche Führung ungenutzt in einer Warteschleife schwebt: wie ein Brief vom Himmel, den der Empfänger nicht zu öffnen und zu lesen wagt.

Hier sind einige aus früheren Leben herrührende Blockaden, die uns davon abhalten können, unsere intuitive göttliche Führung richtig zu nutzen und anzuwenden:

Gelübde aus früheren Leben: Kennen Sie das Gefühl, finanziell kein Bein auf die Erde zu bekommen? Sind Ihre Zweierbeziehungen immer problematisch und konfliktgeladen? Armuts- oder Keuschheitsgelübde, die Sie in früheren Leben abgelegt haben, können dafür verantwortlich sein. Wie schon gesagt, spielt es keine Rolle, ob Sie wirklich an die Realität der Reinkarnation glauben. In jedem Fall schadet es nicht – im Gegenteil, es kann enorm helfen –, belastende und einengende Gelübde aufzulösen, ob diese nun real aus einem früheren Leben stammen oder nicht.

Hier sind ein paar sehr wirkungsvolle Affirmationen, mit denen sich die Auswirkungen solcher Gelübde neutralisieren lassen. Ich wende diese Methode mit ausgezeichneten Resultaten bei Klienten an, die unter Blockaden aus früheren Inkarnationen leiden. Je mehr Überzeugung Sie in diese Affirmationen hineinlegen, desto besser wirken sie! Mit anderen Worten, Sie müssen *meinen*, was Sie sagen. Sprechen Sie jede der folgenden Affirmationen zwei Mal, laut oder in Gedanken, mit fester Absicht und Überzeugung:

- *Hiermit erkläre ich alle Armutsgelübde, die ich jemals in irgendeinem meiner Leben abgelegt habe, für nichtig und bitte darum, dass alle Auswirkungen dieser Gelübde für alle Zeiten aufgehoben werden.*
- *Hiermit erkläre ich alle Märtyrergelübde, die ich jemals in irgendeinem meiner Leben abgelegt habe, für nichtig und bitte darum, dass alle Auswirkungen dieser Gelübde für alle Zeiten aufgehoben werden.*
- *Hiermit erkläre ich alle Keuschheitsgelübde, die ich jemals in irgendeinem meiner Leben abgelegt habe, für nichtig und bitte darum, dass alle Auswirkungen dieser Gelübde für alle Zeiten aufgehoben werden.*

(Diese letzte Affirmation sollten Sie natürlich nicht anwenden, wenn Sie bewusst ein zölibatäres Leben führen wollen.)

Angst vor Macht: Die Angst davor, selbst Macht auszuüben, resultiert häufig aus früheren Leben, in denen wir tatsächlich unsere Macht missbraucht haben. Besonders wenn wir in der alten Zivilisation gelebt haben, die unter dem Namen »Atlantis« bekannt ist, wird die Angst davor, persönliche Macht zu missbrauchen, uns zu schaffen machen.

Atlantis war eine blühende Kultur, die über eine hoch entwickelte Technologie verfügte, die auf der Nutzung von Kristall- und Sonnenenergie basierte. Die Atlanter besaßen ein sehr fortschrittliches Gesundheits- und Verkehrswesen. Viele von ihnen legten jedoch einen unstillbaren Machthunger an den Tag. Die Atlanter nutzten ihre technologischen Kenntnisse, um Waffen zu entwickeln, mit denen sie andere Zivilisationen unterwarfen. Nach und nach dehnten sie so ihren Machtbereich über weite Teile der Erde aus.

Schließlich missbrauchten sie jedoch ihre militärische Technologie, was zur Vernichtung ihres Landes führte. Es versank als Folge einer gewaltigen Explosion, ausgelöst durch Waffen, die dazu dienen sollten, Länder auf der anderen Seite der Erde zu unterwerfen. Bis zum heutigen Tag leiden Seelen, die in Atlantis gelebt haben, unter der Furcht, sie könnten sich selbst und ihnen nahe stehende Menschen durch den Missbrauch von Macht auslöschen.

Probleme aus früheren Leben, Herausforderungen in diesem Leben

Wenn Sie vermuten oder sicher wissen, dass eine traumatische Erfahrung aus einem früheren Leben Sie daran hindert, in diesem Leben Gebrauch von Ihren intuitiven Fähigkeiten zu machen, können die Engel Ihnen helfen, sich von diesem alten Schmerz zu befreien. Die Engel können Ihnen auch bei der Heilung von Gesundheitsproblemen helfen, die aus früheren Leben herrühren. Ich habe schon mit vielen Klienten und Schülern gearbeitet, die mit angeborenen Behinderungen oder Krankheiten zu kämpfen hatten, welche eindeutig mit der Art ihres Todes in einem früheren Leben zusammenhingen.

Zum Beispiel litt eine Frau namens Susanne, die bei einem Schwertkampf getötet worden war, unter chronischen Schmerzen in ihrer linken Hüfte – genau an der Stelle, wo sie der tödliche Schwerthieb getroffen hatte. Eine andere Frau, die in einem früheren Leben erhängt worden war, litt an chronischen Nackenschmerzen und konnte keine Rollkragenpullover oder Blusen mit engen Kragen tragen. Beiden Klientinnen gelang es, sich vollständig von diesen aus früheren Inkarnationen herrührenden Schmerzen zu befreien, indem sie ihre Engel um Hilfe bei der Heilung baten.

Um eine Heilung durch die Engel zu erfahren, ist es nicht nötig, sich an frühere Leben zu erinnern. Manchmal werden die Engel Ihnen aber die Zusammenhänge zwischen einem gegenwärtigen Problem und nicht geheilten Schmerzen aus einem früheren Leben aufzeigen, wenn Ihnen das wertvolle Erkenntnisse und Einsichten vermitteln kann. Fast immer tritt die Heilung ein, wenn Sie die aus dem früheren Leben aufgestauten Emotionen freisetzen.

So kann es sein, dass die Engel Sie ermutigen, jenen zu vergeben, von denen Sie in einem früheren Leben ermordet wurden. Die Engel können Ihnen aber beispielsweise auch helfen, jahrhundertealtes Entsetzen zu erlösen und zu heilen, das Sie in sich gespeichert hatten, weil Sie Zeuge eines Krieges oder Massakers wurden. Wenn es hilfreich und therapeutisch sinnvoll ist, werden die Engel und Ihr Unterbewusstsein es Ihnen gestatten, sich an Szenen aus früheren Leben zu erinnern. Sie werden Ihnen jedoch niemals Bilder zeigen, denen Sie emotional nicht gewachsen sind.

Meine Klientin Grace erhielt in einem Engel-Reading Informationen, die ihr enthüllten, welchen Zusammenhang ihre heutigen Minderwertigkeitsgefühle mit einem früheren Leben haben. Gleichzeitig verstand sie dadurch, warum die Länder des keltischen Kulturkreises eine solche Faszination auf sie ausüben.

GRACE: Warum fühle ich mich immer so minderwertig und den Alltagsanforderungen nicht gewachsen?

DOREEN: Die Engel sagen mir, dass sich da bei Ihnen eine Heilung vollzieht, die aber langsamer vonstatten geht, als es Ihnen lieb ist. Auch wenn Ihnen das momentan nicht so vorkommen mag, machen Sie in Wahrheit echte Fortschritte. Interessanterweise gehört Demut zu Ihren spirituellen Qualitäten und zu Ihrer Bestimmung. Offenbar ist es Teil Ihrer Aufgabe, in diesem Leben die Demut besser kennen zu lernen, da es Ihnen in einem früheren Leben sehr daran mangelte.

Ihre Engel zeigen mir ein früheres Leben, in dem Sie die privilegierte Tochter von Eltern der Oberschicht waren und buchstäblich mit einem silbernen Löffel im Mund aufwuchsen. Um ganz offen zu sein, Ihre Engel zeigen mir, dass Sie wirklich arrogant waren und andere sehr herablassend behandelten. Aber Sie wussten es damals nicht besser und Sie hatten dennoch ein wundervolles Leben, das ganz und gar nicht vergeudet war. Aber Ihr Urteil über andere Menschen war durch den Umstand getrübt, dass Sie selbst nie mit wirklichen Herausforderungen oder Härten konfrontiert waren, die Ihre Überheblichkeit infrage gestellt hätten. Und daher haben Sie als Ausgleich Ihre jetzigen Lebensumstände gewählt, um Demut zu entwickeln.

Das Problem besteht nun darin, dass Sie Demut mit einem Mangel an Selbstwertgefühl gleichsetzen, obwohl das doch zwei verschiedene Dinge sind. Und genau das ist die Lektion, die Sie jetzt im Moment lernen müssen: Wie kann ich Demut auf ausgewogene Weise praktizieren, ohne in Scham oder Schuldgefühle zu verfallen? Die spirituelle Erkenntnis, um die es auf Ihrem Weg momentan geht, besteht darin, dass wir alle eins sind. Sie müssen sich bewusst machen, dass die Größe Gottes in jedem von uns wohnt, auch in Ihnen. Kein Mensch ist mehr oder weniger wert als die anderen.

Aus jenem früheren Leben tragen Sie immer noch die Neigung zu aristokratischer Überheblichkeit in sich. Dieses Leben spielte sich, wie es aussieht, in einem keltischen Land ab, in Wales oder Irland. Von damals haftet Ihnen noch ein wenig Hochmut an, der Sie immer wieder in eine egoistische Haltung verfallen lässt und Ängste auslöst. Sie fürchten sich fast vor Ihren natürlichen, spontanen Reaktionen auf andere Menschen. Daher geht es darum zu lernen, bewusst positiver über andere zu denken.

So wie Sie andere Menschen sehen, sehen Sie auch sich selbst. Wenn Sie lernen, die göttliche Schönheit und Gnade in anderen Menschen wahrzunehmen, werden Sie auch sich selbst in einem positiveren Licht sehen. Die Engel sagen, dass Sie Ihr Denken besser beobachten sollten. Wenn Sie merken, dass Sie sich selbst oder andere verurteilen, sollten Sie sich vergeben und sich von solchen Gedanken lösen. Kämpfen Sie nicht gegen sie an, dadurch würden die negativen Gedanken nur an Größe und Stärke zunehmen. Registrieren Sie sie einfach und lassen Sie sie dann los. Aber Sie haben es wirklich schon fast geschafft. Für diese großen Fortschritte gebührt Ihnen aufrichtige Anerkennung! Jetzt kommt es noch darauf an, dass Sie lernen, zu einer ausgewogenen Haltung zu finden und das andere Extrem, Selbstverurteilung und übermäßige Selbstkritik, zu vermeiden. Denn beide Extreme, Hochmut und Minderwertigkeitsgefühl, führen immer zu starken seelischen Schmerzen.

GRACE: *Sie haben Recht. Ich habe schon eine Menge erreicht und sollte mir selbst ein bisschen mehr Anerkennung schenken.*

DOREEN: *Wir alle neigen bisweilen dazu, zu hart zu uns selbst zu sein. Die Engel sind bei uns, um uns bei der Über-*

windung dieser Neigung zu helfen, da sie uns eher behindert als motiviert.

*

Mehrere meiner Klienten haben auf diese Art und Weise verstanden, warum sie immer wieder dazu neigen, sich mit bestimmten Menschen zu streiten. Eine Klientin namens Brigitte erfuhr beispielsweise, dass sie in zwei früheren Leben problematische Beziehungen zu ihrer Mutter gehabt hatte. Diese Beziehungen wirkten sich auf ihr jetziges Leben aus, in dem sie ebenfalls ständig Streit mit ihrer Mutter hatte. Brigittes Engel halfen ihr zu erkennen, dass sie in *diesem* Leben lernen musste, ihre Mutter-Tochter-Beziehung zu heilen, weil sie sonst im *nächsten* Leben wiederum Probleme mit ihrer Mutter haben würde. Das war für Brigitte Motivation genug, mithilfe ihrer Engel das Verhältnis zu ihrer Mutter ins Reine zu bringen.

Befreiung vom Karma

Karma ist ein seit langem bestehendes Glaubenssystem. Es besagt, dass alles, was wir tun, die »Ursache« von »Wirkungen« ist, die wir später erfahren werden. Karma ist *ein* Weg, das universelle Gesetz von Ursache und Wirkung zu betrachten, aber durchaus nicht der einzige. Ursache und Wirkung sind ein ewig gültiges Gesetz, aber dieses Gesetz bedeutet nicht, dass wir für frühere Taten »bestraft« oder in unserer Entwicklung blockiert werden müssen. Ganz im Gegenteil: Das Gesetz von Ursache und Wirkung ist ein Gesetz der Liebe und es ist dazu gedacht, uns von unserer Vergangenheit zu befreien.

Zunächst einmal beruht die Idee von »Vergangenheit« auf einem Glauben an die lineare Natur der Zeit. Wir wissen aber, dass alle Zeit in Wahrheit gleichzeitig abläuft, nicht in linearer Abfolge. Mit anderen Worten, alles, was Sie jemals erlebt haben und was Sie jemals erleben werden, ereignet sich jetzt, in diesem Augenblick, weil es nichts außer diesem ewigen *Jetzt* gibt. Die Menschen auf der Erde haben den Glauben an Vergangenheit, Gegenwart und Zukunft erschaffen, um ihr Wachstum und ihre Erfolge messen zu können. Die spirituelle Wahrheit lautet jedoch, dass aller Erfolg bereits jetzt in uns ist. Wir sind bereits zu Hause, sind vollkommen, denn wir leben vereint mit Gott. Unser einziger »Weg«, unser einziges »Ziel«, wenn es so etwas überhaupt gibt, besteht darin zu erkennen, dass uns bereits jetzt alles gehört, was wir begehren. Sobald uns diese Tatsache bewusst wird, erfahren wir sie in unserem Leben.

Lassen Sie es mich anders formulieren, da es sehr wichtig ist, dass dieses Konzept auf klare und einfache Weise erklärt wird: Es gibt mehrere Wirklichkeiten, die gleichzeitig existieren. Eine gute Analogie ist es, sich diese Realitäten als Kinofilme vorzustellen, die alle in einem Recorder aufgezeichnet sind, der auf Ihrem Fernsehgerät steht. Sie können selbst wählen, welchen dieser Filme Sie sich anschauen möchten. Dazu müssen Sie nicht erst jemanden um Erlaubnis fragen; Sie selbst sind diesbezüglich die einzige Autorität. Einer der Filme ist ein wirklich wunderbares Meisterwerk, ein großartiger Film, der Sie inspiriert und zutiefst erfreut. Ein anderer Film ist von billiger, minderwertiger Machart. Dann gibt es da noch eine »Komödie der Irrungen und Wirrungen«, in der die Hauptfiguren von einer Katastrophe in die nächste schlittern. Und einer der Filme ist eine echte Tragödie, angefüllt mit Dramatik, Herzschmerz und Problemen aller Art.

Alle diese Filme existieren gleichzeitig und warten darauf, abgespielt und durchlebt zu werden. In welchem werden Sie mitspielen? Sie treffen Ihre Wahl anhand der Gedanken, die Sie tagtäglich denken. Es ist wichtig für uns alle, uns klarzumachen, dass wir unsere Gedanken wirklich selbst wählen – und damit auch unseren Lebensfilm. Jedem von uns steht es frei, jeden dieser Filme zu erleben. Sie müssen sich nicht erst das Recht verdienen, den schönen, harmonischen Film erleben zu dürfen. Ein kraftvolles und zugleich friedliches und sinnerfülltes Leben steht Ihnen von Geburt an zu. Zwar sind Schmerzen und die Meisterung großer Herausforderungen *ein* Weg, spirituelles Wachstum zu erlangen, doch es ist nicht der einzige Weg. Sie können durchaus auch in einem leichten, friedvollen Leben zur Erleuchtung gelangen, denn in Wahrheit sind Sie bereits jetzt erleuchtet.

Wenn Sie gegenwärtig Mangel, Begrenztheit oder Leid irgendwelcher Art erfahren, bedeutet das lediglich, dass Sie irgendwo tief im Innern Gedanken der Furcht wählen. Manchmal sind wir uns dieser Gedanken gar nicht bewusst oder wir glauben, keine Kontrolle über sie zu haben – als würden die Gedanken *uns* wählen! Mit etwas Übung können Sie aber lernen, sich in jedem Augenblick der Gedanken bewusst zu sein, die Sie gerade denken. Immer wenn Sie irgendeine Art von Leid verspüren, wissen Sie, dass ein angstvoller Gedanke dahintersteckt. Wenn Sie auf dem spirituellen Pfad Fortschritte machen, wird Ihre Toleranz gegenüber Leiden immer geringer werden, bis Sie schließlich einen Punkt erreichen, an dem Sie eine »Nulltoleranzpolitik« gegenüber jeder Art von Leid praktizieren. An diesem Punkt denken Sie keine angstvollen Gedanken mehr, und wenn Sie gelegentlich doch einmal irrtümlich einen Gedanken der Angst wählen, werden Sie ihn sofort als solchen erkennen und loslassen. Die Zusammenarbeit mit Ihren Engeln wird Ihnen helfen, sich von angstvollen

Gedanken und deren Auswirkungen zu befreien. Schließlich sind die Engel immer bei Ihnen und immer bereit, Ihnen zu helfen. Dazu müssen Sie nur denken: *Engel, bitte helft mir!* Und schon greifen sie helfend und heilend ein.

Jeder liebevolle Gedanke und jeder ängstliche Gedanke hat seine Auswirkungen. Liebevolle Gedanken kommen aus Ihrem wahren Selbst. Angstvolle Gedanken kommen aus Ihrem falschen Selbst oder Ego.

Wirkungen bleiben immer mit ihren Ursachen verbunden. Wenn Sie einen angstvollen Gedanken wählen, bleibt er mit Ihrem Ego verknüpft wie ein Gasballon an einer Schnur. Deshalb bleiben schmerzhafte Erfahrungen an Ihnen haften – eine nach der anderen in scheinbar endlosen Zyklen –, solange Sie selbst an deren *Ursache* festhalten: den ängstlichen Gedanken des Ego. Lassen Sie aber die Ursache los, fliegen mit ihr auch die Wirkungen davon.

Die schöne Konsequenz daraus lautet, dass Sie sich von allen angstvollen Gedanken, die Sie selbst jemals hatten oder die Ihnen von anderen Menschen übermittelt wurden, befreien können. Und wenn diese Gedanken davonfliegen und verschwinden, dann verschwinden auch ihre negativen, schmerzhaften Auswirkungen!

In dem Buch *Ein Kurs in Wundern** heißt es: »Erkenne deine Fehler, dann werden alle Folgen dieser Fehler verschwinden.« Damit ist gemeint, dass wir »die Zeit außer Kraft setzen« können, indem wir unser Denken der Wahrheit zuwenden – der Basis unserer wahren Wirklichkeit: »Nichts Wirkliches kann jemals bedroht werden; nichts Unwirkliches existiert. Darin liegt der Frieden Gottes.«

---

* *Ein Kurs in Wundern.* Greuthof, Gutach 1994.

Das bedeutet nicht, sich vor der Verantwortung für die eigenen Handlungen zu drücken; es unterscheidet sich aber auch von der religiösen Vorstellung, dass wir »für unsere Sünden büßen müssen«. Sich vom Karma zu befreien bedeutet einfach, sich von falschen Vorstellungen zu befreien, die schmerzhafte Wirkungen hervorrufen. Schließlich schafft man Fehler nicht durch Bestrafung aus der Welt, sondern indem man künftig auf richtige Weise denkt und handelt. Wir alle haben schon Fehler gemacht – vielleicht sogar solche, die uns als völlig »unverzeihlich« erscheinen. Doch Gott sieht über diese Fehler hinweg auf die Vollkommenheit, mit der wir erschaffen wurden. Wir sind mächtige Wesen, aber wir sind nicht mächtig genug, um die Vollkommenheit zu zerstören, die uns mitgegeben wurde. Wir sind nach dem Ebenbild unseres Schöpfers erschaffen. Nichts, was Sie je sagen, denken oder tun könnten, vermag das wahre, ewige Wunder Ihres Wesens zu zerstören.

Auf manchen Ebenen der jenseitigen Welt herrscht der Glaube, wenn Sie in einem Leben einen Fehler machen – beispielsweise grausam gegen einen anderen Menschen handeln –, müssten Sie mit einem körperlichen oder emotionalen Problem wieder inkarnieren, um für diesen Fehler zu »büßen«. Wenn Sie Ihre jetzige Inkarnation auf der Basis solcher Vorstellungen begonnen haben, kann es sein, dass Sie ein Leben voller Leiden und Probleme als »Strafe« gewählt haben. Doch Sie können sich jederzeit von diesem falschen Denken lösen und damit Ihre Lebenssituation verbessern.

Die Engel werden Ihnen helfen, sich von den Auswirkungen falschen Denkens zu befreien, ob dieses Denken nun in diesem Leben wurzelt oder in einem anderen. Und dabei ist es völlig gleichgültig, ob Sie an Reinkarnation glauben oder nicht.

Wie die Engel Probleme aus früheren Leben heilen können

Ihre feste Absicht, diese Probleme anzugehen, genügt bereits – die Engel sind dann sofort in der Lage zu helfen. Ergänzend zu einer Sitzung bei einem ausgebildeten Reinkarnationstherapeuten können Ihre Engel Ihnen helfen, sich an traumatische Probleme aus früheren Leben zu erinnern und sich von den Auswirkungen zu befreien. Dieses Ziel erreichen Sie entweder im Schlaf oder in der Meditation:

Im Schlaf: Bitten Sie Ihre Engel abends vor dem Zubettgehen, Sie im Traum zu besuchen und Ihnen für Ihre jetzige Situation bedeutsame frühere Leben zu zeigen. Daraufhin werden Sie Träume haben, in denen Sie Szenen aus anderen Inkarnationen durchleben. Ob Sie sich an diese Träume erinnern können, hängt davon ab, wie gut Ihr Wachbewusstsein darauf vorbereitet ist, mit den dadurch wachgerufenen Gefühlen umzugehen.

Unter therapeutischen Gesichtspunkten ist es unerheblich, ob Sie sich an die Träume erinnern. Es kommt allein darauf an, dass Ihre Engel während dieser nächtlichen Episoden Ihre Erlaubnis haben, in Ihr Bewusstsein einzutreten und die unterdrückten Gefühle zu heilen. Wenn Sie dann aufwachen, sollte es sich anfühlen, als hätten Sie im Schlaf eine Menge emotionale Aufräumarbeit geleistet. Vielleicht fühlen Sie sich sogar ein wenig erschöpft. Aber Sie werden deutlich spüren, dass Sie im Schlaf wichtige Arbeit erledigt haben, von der eine starke Heilwirkung ausgeht.

In der Meditation: Begeben Sie sich in einen meditativen Zustand und bitten Sie Ihre Engel, Ihnen Visionen aus früheren Leben zu zeigen. Bewahren Sie dann eine konzentrierte, aber offene Geisteshaltung. Bemühen Sie sich nicht krampfhaft darum, irgendetwas zu sehen. Seien Sie stattdessen passiv wie eine Kinoleinwand, auf die von den Engeln Filmszenen projiziert werden.

Möglicherweise wird Ihr Ego versuchen, Sie davon zu überzeugen, dass die Bilder, die Sie vor Ihrem inneren Auge sehen, reine Phantasieprodukte sind. Bitten Sie die Engel, Sie von diesen Ängsten und Sorgen zu befreien, damit der Informationsfluss, der Ihnen übermittelt wird, Sie ungestört erreichen kann.

Bleiben Sie sich stets der Gegenwart Ihrer Engel bewusst, während Sie diese Erinnerungen an frühere Existenzen beobachten oder erneut durchleben. Auch durch diese anderen Leben haben die Engel Sie begleitet. Und jetzt werden sie Sie durch den Erinnerungs- und Heilungsprozess führen.

Zum Beispiel können sie Sie bitten, sich für den »Film« Ihres früheren Lebens einen anderen Schluss auszudenken, gewissermaßen das Drehbuch umzuschreiben. Statt also auf traumatische Weise umgebracht zu werden, können Sie sich vorstellen, friedlich im Schlaf zu sterben. Ihr Unterbewusstsein wird dann die alten Erinnerungen mit den neuen, friedlicheren Emotionen »überschreiben«, ganz so wie im Computer eine Datei überschrieben wird.

Oder Ihre Engel werden Sie dazu auffordern, sich selbst oder anderen Personen Handlungen aus einem früheren Leben zu vergeben. Bitten Sie dabei die Engel unbedingt um Hilfe, da Sie es allein möglicherweise nicht schaffen werden, zu einer vollständigen Vergebung zu gelangen. Die Engel werden dann in Ihr zelluläres und emotionales Gedächtnis eintreten und sämtliche Rückstände negativer Gefühle aus früheren Leben beseitigen.

Hier ist die Mitschrift einer Therapiesitzung mit einem Klienten, dessen Probleme aus einem früheren Leben seine berufliche und finanzielle Situation in diesem Leben beeinträchtigten. Lesen Sie, wie die Engel ihm dabei halfen, sein altes Armutsmuster zu überwinden, und es ihm so ermöglichten, mehr Wohlstand und beruflichen Erfolg zu erfahren:

SAM: Ich stehe kurz davor, mich mit einer kreativen Tätigkeit selbstständig zu machen. Was meinen die Engel dazu?

DOREEN: Sie müssen *einfach diese Art von Arbeit machen! Die Engel sagen, Ihnen bleibt keine andere Wahl, denn sie entspricht Ihrem wahren Naturell.*

SAM: O ja, ich spüre da wirklich eine starke Leidenschaft!

DOREEN: Nun, die Engel zeigen mir, dass jede Art von künstlerischer Betätigung Ihnen Freude macht und dass darin für Sie ein großes Erfolgspotenzial liegt. Allerdings sagen die Engel auch, dass Ihre Einstellung zum Geldverdienen etwas problematisch ist, weil Sie daran zweifeln, ob Sie ein hohes Einkommen wirklich wert sind. Diese negativen Glaubenssätze bewirken, dass Ihnen momentan viel weniger Geld zufließt, als es andernfalls möglich wäre.

Ihre Engel sagen, dass Sie über großes Talent verfügen. Ihr geringes Einkommen ist also keinesfalls die Folge mangelnder Begabung.

SAM: Ja, stimmt! Ich frage mich oft, ob ich wirklich mit meinem Talent Geld verdienen kann, ob mir das wirklich zusteht.

DOREEN: Genau! Sie strahlen eine mentale Energie aus, die das Geld davon abhält, zu Ihnen zu kommen. Die Engel sagen, dass Sie die Erwartung hegen, zu wenig Geld zu haben.

SAM: Ja, dessen bin ich mir bewusst. Und ich weiß auch, dass es in mir eine Ebene gibt, auf der ich das Gefühl habe, keinen Wohlstand zu verdienen.

DOREEN: Die Engel bitten uns, jetzt sofort etwas gegen dieses Problem zu unternehmen. Einverstanden? Atmen Sie tief durch und visualisieren Sie einen Lichtstrahl, der durch die Mitte Ihres Kopfes strömt und jede Art von Stress und Sorgen auflöst. Ich bitte Sie nun, mir die folgende Affirmation nachzusprechen: Hiermit erkläre ich alle Armutsgelübde, die ich jemals in irgendeinem meiner Leben abgelegt habe, für nichtig. Ich sage mich jetzt von diesen Armutsgelübden los und sie existieren nicht mehr.

SAM: (spricht mir nach)

DOREEN: Sehr gut. In Ihrem Unterbewusstsein gibt es etwas, von dem Geld anders beurteilt wird, als Ihre Engel es für wünschenswert halten. Es ist wirklich wichtig, dass Sie Geld einfach als segensreiches Hilfsmittel betrachten, das es Ihnen erleichtert, die schöne Arbeit zu tun, für die Sie geboren wurden. Denn Sie haben die aufrichtige Absicht, mit Ihrer Arbeit Ihren Mitmenschen viel Freude zu bereiten.

SAM: Ja, das möchte ich wirklich!

DOREEN: Dieser starke Antrieb in Ihnen erklärt sich daraus, dass diese Arbeit wirklich Ihre Bestimmung ist. Ihnen bleibt einfach keine andere Wahl. Eine Wahl haben Sie nur im Hinblick darauf, welche materielle Versorgung Sie erwarten, während Sie ihre künstlerische Mission erfüllen. Machen Sie sich klar, dass Sie Wohlstand verdienen, der Sie in die Lage versetzt, ihrerseits reichlich zu geben und sich frei von materiellen Problemen ganz auf Ihre schöpferische Arbeit zu konzentrieren.

SAM: Ja, das fällt mir schwer, besonders wenn ich daran denke, dass es andere Menschen gibt, denen es finanziell noch viel schlechter geht als mir. Als Kind bekam ich immer zu hören, dass »Armut adelt«. Zwar habe ich schon seit ein paar Jahren vom Verstand her eingesehen, dass diese Behauptung nicht wahr ist, jedenfalls für mich nicht, aber es ist dennoch schwierig, sich davon zu lösen.

DOREEN: In dem früheren Leben, das zu Ihrem jetzigen in unmittelbarer Beziehung steht, lebten Sie in England und waren wie ein Hofnarr gekleidet, allerdings war das wohl nicht Ihr Beruf. Es muss aber etwas Vergleichbares gewesen sein. Vielleicht waren Sie eine Art Varietékünstler?

SAM: Die Vorstellung, ein fahrender Musiker zu sein und beim Varieté und auf Jahrmärkten aufzutreten, übte immer einen gewissen Reiz auf mich aus.

DOREEN: Ja, genau das waren Sie! Ein fahrender Musikant und Sänger, und Ihre Lebensphilosophie war es, die Dinge einfach so zu nehmen, wie sie kommen. Sie machten in irgendeiner Kleinstadt Halt und unterhielten die Leute dort mit Ihrer Kunst. Und dann suchten Sie sich einen netten Farmer, der Sie über Nacht bei sich aufnahm. »Es wird schon gut gehen, irgendwie ist immer für mich gesorgt«, könnte man ihr Motto beschreiben. So lebten Sie ziemlich unbekümmert in den Tag hinein. Andererseits bedeutete das aber auch, dass Sie sich letztlich mit den Brotkrumen zufrieden gaben, die bei den anderen vom Tisch fielen. In diesem Leben wird von Ihnen erwartet, dass Sie Ihre Ansprüche ein wenig hochschrauben!

SAM: Dazu fühle ich mich inzwischen auch bereit. Ist Meditation die Lösung?

DOREEN: Ich denke, der Schlüssel besteht für Sie darin, sich dieser unterschwelligen Einstellung bewusst zu werden. Ihre Engel fordern Sie auf, energisch Ihren Platz im Leben zu beanspruchen und zum Universum zu sagen: »Hey! Ich bin es wert, volle Unterstützung bei meiner Arbeit zu erhalten.« Wenn Sie eine solche Haltung einnehmen, reagiert das Universum sehr schnell.

SAM: Das ist ja toll! Ich glaube, dass ich jetzt wirklich bereit bin für den Erfolg. Ich habe keine Lust mehr, meine künstlerische Kreativität in den Dienst großer Firmen zu stellen. Ich bin bereit, jetzt der Stimme meines Herzens zu folgen und Kunstwerke zu erschaffen, die wirklich aus meiner Seele kommen. Glauben Sie, dass jetzt der richtige Zeitpunkt gekommen ist, um meine Anstellung im kommerziellen Grafikbereich aufzugeben und mich beruflich ganz auf eigene Füße zu stellen?

DOREEN: Sie sollten Ihre jetzige Stellung erst kündigen, wenn Sie innerlich wirklich bereit für diese andere Tätigkeit sind, bereit, künstlerisch nach den Sternen zu greifen. Mit an-

deren Worten, wenn Sie selbst die starke innere Gewissheit spüren, dass der richtige Zeitpunkt da ist. Ein solches inneres Wissen ist frei von Zweifeln, Angst oder Wut. Es ist eine friedliche, ruhige Gewissheit, dass »die Zeit reif ist«. Immerhin haben Sie eine Ehefrau, Rechnungen müssen bezahlt werden, und in diesem Leben sind Sie kein fahrender Musikant. Nur wenn Sie allein stehend wären, würde ich sagen: »Okay, packen Sie's jetzt gleich an.«

Sobald Sie innerlich wirklich bereit sind, wird Ihnen der Berufswechsel gelingen. Es ist Ihre eigene Entscheidung. Am Anfang ist es sicher sinnvoll, Ihre alte Tätigkeit auf Teilzeitbasis fortzusetzen, um sich auf diese Weise ein gewisses Einkommen zu sichern.

SAM: Ich weiß tief drinnen, dass meine künstlerische Arbeit erfolgreich sein wird. Momentan geht es nur darum, die Anfangsnervosität zu überwinden. Ich glaube aber, dass es mir nicht allzu schwer fallen wird, mehr Selbstvertrauen zu entwickeln.

DOREEN: Ja, Ihr Selbstvertrauen wird rasch wachsen, da stimme ich zu. Ihre Engel und ich empfehlen Ihnen, mit zwei Erzengeln zu arbeiten, die sehr dazu beitragen können, Ihrer künstlerischen Karriere den Weg zu ebnen. Dabei handelt es sich erstens um den Erzengel Gabriel. Das ist der Engel für Menschen in Kommunikationsberufen sowie für Künstler, gerade auch für Bühnenkünstler. Gabriel ist ein weiblicher Erzengel und sie kann Ihnen viele Türen öffnen. Selbst wenn Sie nicht spüren, dass sie unmittelbar zu Ihnen spricht, werden Sie ihre Gegenwart in Gestalt künstlerischer Chancen und Gelegenheiten spüren, die sich plötzlich für Sie auftun.

Der andere Erzengel heißt Michael. Er steht gerade jetzt in diesem Augenblick zu Ihrer Rechten. Er ist der große schützende Engel, der Ihnen den Mut verleiht, Ihrer Bestimmung zu folgen.

SAM: Es ist interessant, dass die Frage des persönlichen Mutes zur Sprache kommt, denn ich habe das Gefühl, dass ich

Mut zurzeit mehr brauche als alles andere. Ich habe den Eindruck, dass die Energie Gabriels mir dabei helfen kann, anderen meine künstlerischen Ideen zu vermitteln. Aber den Mut zu entwickeln, dass ich an mich selbst glaube und mir sage, es ist okay, mich auf den Weg zu machen und Fehler zu riskieren – darin liegt in diesem Jahr wohl meine Hauptaufgabe.

DOREEN: Ja, absolut. Seit dem Ende des Jahres 1998 spüren wir alle eine neue Energie, die uns dazu drängt, ein Leben in völliger Integrität zu führen und alles hinter uns zu lassen, was nicht unserem wahren Selbst entspricht. Tun wir das nicht, wird das Leben für uns zunehmend schmerzhafter werden. Daher sollten Sie sich in künstlerischer Hinsicht jetzt wirklich auf den Weg machen. Diese neue Energie, die nun in der Welt wirksam wird, sollte für Sie der letzte Anstoß sein, Altes, Überlebtes aufzugeben und mutig vorwärts zu gehen.

SAM: Ja, das spüre ich sehr deutlich. Mein jüngster Auftrag als angestellter Werbegrafiker, die Gestaltung einer Werbebroschüre, erschien mir viel zäher und mühsamer als alle vorherigen. Diese Mühsal war gewiss ein Signal, dass es Zeit ist, zu neuen Ufern aufzubrechen. Aber es ist keine ängstliche Unruhe, die mich antreibt, sondern ich spüre eine ruhige, kraftvolle Zuversicht.

*

Im nächsten Kapitel werden Sie mehr über irdische Engel erfahren, die uns auf oft überraschende Weise zu Hilfe kommen. Möglicherweise finden Sie sogar heraus, dass Sie selbst ein solcher irdischer Engel sind!

11. KAPITEL

Inkarnierte Engel, Elementargeister, Walk-ins und Sternenwesen

Oft werde ich gefragt, ob Engel sich jemals in menschlicher Gestalt inkarnieren. Die Antwort ist ein eindeutiges Ja. Im Brief an die Hebräer (Hebräer 13,2) heißt es: »Vergesst die Gastfreundschaft nicht; denn durch sie haben einige, ohne es zu ahnen, Engel beherbergt.« Mit anderen Worten, es ist gut möglich, dass Sie schon Kontakt mit Engeln hatten, die wie Menschen aussahen, ohne dass Sie sich bewusst waren, einem solchen himmlischen Wesen gegenüberzustehen. Tatsächlich kann es sogar sein, dass *Sie selbst* ein inkarnierter Engel sind, ohne es zu wissen.

Für mich ist jeder ein Engel, der wie ein Engel handelt. So gesehen, sind wir alle manchmal inkarnierte Engel. In der jetzigen Zeit des Übergangs während und nach der Jahrtausendwende sind von überall her im Universum Wesen gekommen, um auf der Erde zu leben. In meiner Beratungspraxis habe ich viele Menschen kennen gelernt, die nicht von der Erde stammen. Ich habe gelernt, dass heute viele inkarnierte Außerirdische, Engel, Elementargeister und Walk-ins auf Erden leben.

Im tiefsten Grunde sind wir alle eins – mit Gott, miteinander, mit den Engeln und mit den aufgestiegenen Meistern. Bei jedem von uns glimmt tief im Wesenskern der gleiche Funke des göttlichen Lichts. Wie die Blätter eines Baumes sind auch wir alle aus demselben Ursprung hervorgegangen und sind unauflöslich miteinander verbunden.

In dieser illusorischen Welt aber, in der wir voneinander getrennte Wesen zu sein scheinen, besitzen wir äußere Eigenschaften, die uns voneinander unterscheiden. Beispielsweise besitzen diejenigen von uns, die als Männer geboren wurden, eine Energie, die sich von jener der weiblich Geborenen unterscheidet.

Außerdem bestehen unterschiedliche Energiemuster und Wellenlängen, abhängig von Ihrem persönlichen Lebensstil. Wenn jemand den größten Teil seiner Zeit damit verbringt, an der Theke zu stehen und Alkohol zu trinken, werden sein Benehmen und seine Energie sich deutlich von einer Person unterscheiden, die sich täglich Gebet und Meditation widmet. Ihr Energiemuster hängt von den Orten ab, an denen Sie sich überwiegend aufhalten, von den Menschen, mit denen Sie Ihre Zeit verbringen, und den Gedanken, die Sie vorzugsweise denken.

Ebenso gibt es Seelen, die ihre bisherigen Leben an völlig anderen Orten im Universum verbracht haben. Nicht jedes Kind Gottes inkarniert sich als Mensch auf der Erde. Manche Wesen entscheiden sich für Existenzen auf anderen Planeten und in anderen Dimensionen. Wenn sie mehrere Inkarnationen an diesen anderen Orten durchlaufen haben, spiegeln sich in ihrem Äußeren und in ihren Energiemustern die andere Umwelt und ihre dortigen Erfahrungen wider. Wenn sie sich dann dafür entscheiden, auf der Erde zu inkarnieren, bringen sie diese Energiemuster mit.

Viele »Lichtarbeiter« (Menschen, die den starken Drang verspüren, anderen zu helfen, besonders in spiritueller Hinsicht) haben Inkarnationen auf anderen Planeten oder in anderen Dimensionen hinter sich. Sie haben sich jetzt für eine Inkarnation auf der Erde entschieden, weil sie uns während des Übergangs ins neue Jahrtausend als irdische Engel zur Seite stehen möchten.

Um sich an das Leben auf der Erde anzupassen, haben sie sich aus der Akasha-Chronik (der großen Bibliothek auf der jenseitigen Ebene, in der alles aufgezeichnet ist, was jemals geschah) Erinnerungen an frühere Leben auf der Erde »geborgt«. Diese geliehenen Erinnerungen dienen als Polster, die der Seele dabei helfen, sich auf die irdischen Verhältnisse einzustellen. Schließlich gilt die Erde im übrigen Universum als ein höchst turbulenter Ort. Der Grad an Aggressivität, Gewalt und Pessimismus, der bei uns herrscht, wird auf anderen Welten als ziemlich hoch eingestuft.

Nicht alle inkarnierten Engel, Sternenwesen, Elementargeister oder Walk-ins sind zum ersten Mal hier. Wer bereit ist, in die Rolle eines Erdenengels zu schlüpfen, kann sich auch dafür entscheiden, dies über mehrere Inkarnationen zu tun. Dabei bleibt aber das Energiemuster der ursprünglichen Existenzebene, aus der dieses Wesen stammt, während seiner irdischen Leben erhalten.

Sternenmenschen

Als ich zum ersten Mal mit einer inkarnierten Außerirdischen arbeitete – ich nenne sie »Sternenwesen« oder »Sternenmenschen« –, erstaunte mich das zutiefst. Sie widersprach sämtlichen meiner klischeehaften Vorstellungen über Außerirdische. Sie sah weitgehend wie ein ganz normaler Mensch aus (wenn es auch einige subtile Unterscheidungsmerkmale gibt, die ich weiter unten aufgelistet habe). Doch erst als ich auf medialem Wege sah, wie sie auf einem Raumschiff lebte und arbeitete, kam ich auf den Gedanken, sie könnte nicht von der Erde stammen.

Als ich meiner Klientin sagte, ich hätte gesehen, wie sie auf einem großen Raumschiff arbeitete und durchs All reiste, bestätigte sie dies sofort. Im Gegensatz zu einigen meiner späteren außerirdischen Klienten war sie sich über ihre Herkunft absolut im Klaren. Seither hatte ich Gelegenheit, mit ungefähr einem Dutzend weiterer Sternenmenschen zu arbeiten. Dabei stieß ich auf einige interessante Gemeinsamkeiten zwischen ihnen:

- **Auffällige Augen**: Die Augen der Sternenmenschen sind mandel- oder sichelförmig mit Brauen, die abwärts zeigen wie beim Buchstaben *n*. Denken Sie an Bette Middlers Augen, dann wissen Sie, was ich meine.
- **Zierlicher Körperbau**: Die meisten inkarnierten Sternenwesen sind feingliedrig, dünn und klein.
- **»Mauerblümchen«-Look**: Sie haben meist schlichte, wenig markante Gesichtszüge und kleiden sich unauffällig. Es ist, als wollten sie im Hintergrund bleiben und keine Aufmerksamkeit auf sich ziehen.
- **Eine ungewöhnliche Aura**: Die Aura eines Sternenmenschen weist Streifen auf, die vom Körper wegweisen und regenbogenfarbig schillern. Bei Menschen und anderen Wesen aus der irdischen Dimension umhüllt die Aura den Körper dagegen wie eine Eierschale. Diese Unterschiede lassen sich durch die Kirlian- oder Aurafotografie sichtbar machen.
- **Unklare Lebensaufgabe**: Die Bestimmung der Sternenwesen besteht darin, »zu helfen, wo Hilfe gebraucht wird«. Sternenmenschen halten Fremden die Tür auf und lassen in langen Warteschlangen anderen den Vor-

tritt, ohne dafür ein Dankeschön zu erwarten. Sie sind hier, um durch ihre Freundlichkeit das Stress- und Aggressionsniveau auf der Erde zu reduzieren. Daher üben sie oft untergeordnete Tätigkeiten aus, bei denen sie aber mit vielen Menschen in Kontakt kommen und ihnen aufmunternde Worte und Inspiration schenken können.

- **Eine tiefe Liebe für Frieden und Aufrichtigkeit**: Unehrlichkeit und Gewalt ertragen sie nur schwer. Sie stammen von Planeten, auf denen es solche Verhaltensweisen nicht gibt. Daher wissen sie nicht mit Menschen umzugehen, die sich unaufrichtig, manipulativ oder gewalttätig benehmen. Wegen dieser Defizite bei der Bewältigung irdischer Alltagsprobleme werden bei Außerirdischen oft fälschlich psychische Störungen diagnostiziert, etwa chronische Aufmerksamkeitsschwäche (ADS) oder Schizophrenie.
- **Ungewöhnliche Beziehungsmuster und Familienverhältnisse**: Weil es auf ihren Herkunftsplaneten andere Gepflogenheiten bezüglich Familienleben, Geburt, Fortpflanzung und Sex gibt, wählen viele Sternenwesen ein irdisches Leben ohne Ehe oder eigene Kinder. Die in der westlichen Kultur vorherrschenden romantischen Vorstellungen über die Liebe sind ihnen fremd. Zudem wissen sie, dass Ehe und Kindererziehung sie von der Lichtarbeit abhalten würden, die sie als Aufgabe für dieses Leben übernommen haben. Sehr oft verliebt sich eine Sternenfrau in einen deutlich jüngeren Mann, der als Seelengefährte der gleichen Sternengruppe wie sie angehört.
- **Ein Gefühl, anders zu sein**: Tief im Inneren wissen Sternenmenschen, dass sie nicht von der Erde stammen. Oft haben sie ihr ganzes Leben lang das Gefühl, nicht wirklich hierher zu gehören. Ein Sternenmann sagte einmal zu mir: »Ich hatte immer schon das Gefühl, hier auf diesem Planeten lediglich versehentlich zurückgelassen

worden zu sein. Und ich warte darauf, dass mich jemand abholt und nach Hause bringt.« Sie spüren, dass ihre biologische Familie nicht ihre »wirkliche« Familie ist, und fragen sich, ob sie vielleicht adoptiert wurden.

Inkarnierte Engel

Eine andere Gruppe, die mir in meiner Beratungspraxis mehrfach begegnet ist, sind die inkarnierten Engel. Auch sie weisen bestimmte charakteristische Merkmale auf:

- **Sie sehen wie Engel aus**: Männliche wie weibliche inkarnierte Engel besitzen hübsche, kindlich wirkende Gesichtszüge. Die Gesichtsform ist meist herzförmig. Ein hoher Prozentsatz der weiblichen inkarnierten Engel ist blond, färbt sich die Haare blond oder trägt zumindest blonde Strähnen.
- **Beziehungsprobleme**: Aufgrund ihrer hohen Bereitschaft, zu geben, zu helfen und andere zu retten, harren inkarnierte Engel oft lange in co-abhängigen Beziehungen aus. Auch sehen sie in allen Menschen immer das Beste und neigen deshalb dazu, Missbrauch und Gewalt innerhalb einer Beziehung länger zu tolerieren, als der Durchschnittsmensch dies gemeinhin tun würde. Inkarnierte Engel haben daher oft bereits mehrere Scheidungen hinter sich.
- **Zwanghaftes Verhalten und Gewichtsprobleme**: Inkarnierte Engel neigen stark zu Suchtverhalten, vor allem zu übermäßigem Essen, weswegen sie häufig übergewichtig sind. Sie nutzen das Essen oder andere Substanzen, um sich damit über ihre emotionalen Schwierigkeiten hinwegzuhelfen, besonders wenn sie den Kontakt zu ihrer Spiritualität verloren haben.
- **Professionelle Helfer**: Sie sind natürliche Heiler und Helfer und arbeiten häufig in Heil- oder Dienstleistungs-

berufen wie Krankenpflege, Massage, Sozialarbeit sowie als Lehrer/innen oder Flugbegleiter/innen. Fremde schütten ihnen ihr Herz aus und sagen dabei oft: »Ich weiß nicht, wieso ich Ihnen so persönliche Dinge erzähle. Aber irgendwie hat man bei Ihnen das Gefühl, dass man Ihnen vertrauen kann.«

- **Geben fällt ihnen leichter als Nehmen**: Inkarnierte Engel sind sehr großzügige Menschen, denen es manchmal schwer fällt, auch selbst etwas von anderen anzunehmen. Dadurch kann sich in ihrem Leben Mangel manifestieren, weil sie dazu neigen, den Fluss von Geld, Liebe, Energie und anderen natürlichen Ressourcen zu blockieren, die von außen in ihr Leben strömen. Inkarnierte Engel haben eine feinfühlige Antenne für die Gefühle ihrer Mitmenschen, was oft so weit geht, dass sie darüber ihre eigenen Bedürfnisse ignorieren. Das kann bei ihnen zu unterschwelliger Frustration oder Verbitterung führen, wenn sie den Eindruck haben, dass ihre eigenen Bedürfnisse ständig zu kurz kommen.

Inkarnierte Elementargeister

Dabei handelt es sich um eine weitere Gruppe von »irdischen Engeln«, die hierher gekommen sind, um uns zu helfen. Es sind Menschen, die aus dem Reich der Naturgeister stammen, also früher Kobolde, Feen, Gnome oder Elfen waren. Hier sind ihre typischen Erkennungsmerkmale:

- **Keltische Abstammung oder Erscheinung**: Oft besitzen solche Menschen rotes Haar, helle Haut und eine helle Augenfarbe. Ihrer Herkunft nach stammen sie aus Irland, Schottland, Wales oder England.
- **Sie sehen wie Elementargeister aus**: Inkarnierte Kobolde sehen tatsächlich wie die in Kinderbüchern abge-

bildeten Kobolde aus, sowohl von der körperlichen Gestalt wie auch von den Gesichtszügen her. Gleiches gilt für inkarnierte Elfen und Gnome. Inkarnierte Feen sind gewöhnlich gertenschlanke, mittelgroße bis große Frauen. Eine übergewichtige oder kleine Fee begegnet einem äußerst selten.

- **Charakteristische Kleidung**: Inkarnierte Elementargeister kleiden sich oft in einer für ihre Gattung typischen Weise. Ein inkarnierter Kobold würde zum Beispiel grüne Stoffe und möglichst bequeme Schuhe tragen. Inkarnierte Feen bevorzugen fließende, durchscheinende Gewänder. Und inkarnierte Gnome tragen oft raue, schwere Stoffe, die an Mönchskutten erinnern.
- **Ein Hang zur Schalkhaftigkeit**: Sie neigen zu Schabernack bis hin zu oft recht derben, aggressiven Scherzen. Häufig weiß man nicht genau, ob ein inkarnierter Elementargeist nur Spaß macht oder ob es ihm ernst ist mit dem, was er sagt. Solche Persönlichkeitszüge resultieren aus dem Misstrauen der Elementargeister gegenüber den Menschen, das sich bis zu offener Abneigung steigern kann.
- **Eine ausgeprägte Naturverbundenheit**: Die Lebensaufgabe der Elementargeister ist es, Mutter Erde und ihre Geschöpfe vor den Menschen zu schützen. Inkarnierte Elementargeister eignen sich daher besonders für Berufe, bei denen die Arbeit mit Pflanzen und Tieren eine große Rolle spielt, vorzugsweise in der freien Natur oder im Umweltschutz. Sehr gerne übernehmen sie ehrenamtliche Aufgaben, bei denen es darum geht, Menschen, vor allem Kindern, einen respektvollen Umgang mit dem Planeten und den Tieren und Pflanzen nahe zu bringen. Inkarnierte Elementargeister sollten niemals Büroarbeit verrichten oder andere Tätigkeiten, die sie zum Aufenthalt in geschlossenen Räumen zwingen. Meist kommen

sie mit Tieren und Pflanzen besser zurecht als mit Menschen. Das hat zur Folge, dass sie oft ein scheues, zurückgezogenes Leben führen.

• **Großes Talent zur Manifestation**: Inkarnierte Elementargeister sind sehr gut darin, ihre Gedanken zu fokussieren und sie rasch in der äußeren Realität Gestalt annehmen zu lassen. Wenn ihnen der Sinn danach steht, können sie großen materiellen Wohlstand erschaffen. Inkarnierte Elementargeister, die ihre Gedanken pessimistisch ausrichten, können allerdings auch sehr schnell Probleme und Armut manifestieren.

Walk-ins

Der vierte Typus des Erdenengels wird »Walk-in« genannt (von engl. *»to walk in«* = hineingehen). Ein solches Wesen übernimmt den Körper eines »Walk-outs«, dessen Seele aus dem Körper hinausgegangen ist, ihn verlassen hat, was bei einem Unfall, einer Krankheit oder während des Schlafs geschehen kann.

Bei einem solchen Walk-in handelt es sich um ein hoch entwickeltes spirituelles Wesen, dessen Lebensaufgabe die Lichtarbeit ist. Um seine spezielle Mission zu erfüllen, ist eine gewisse Eile geboten, und daher entschließt er oder sie sich, den üblichen Zyklus von Schwangerschaft, Kindheit und Erwachsenwerden zu umgehen. Stattdessen sucht sich der Walk-in einen lebenden Menschen aus, dem seine körperliche Existenz keine Freude mehr macht. Das könnte ein depressiver Mensch sein, der sich mit Selbstmordgedanken trägt, oder ein Kind, das sich an das Leben in seiner Umgebung nicht recht anpassen kann.

Im Traum oder durch Gedankenübertragung nimmt die Seele des Walk-in mit der deprimierten Person Kontakt auf und sagt: »Ich werde deine irdischen Aufgaben übernehmen und du hast die Möglichkeit, in den Himmel zurückzukehren ohne die negativen Auswirkungen, die ein Selbstmord nach sich ziehen würde.« Wenn der Walk-out damit einverstanden ist, seinen Körper aufzugeben und ihn vollständig dem Walk-in zu überlassen, kommt es zwischen den beiden zu einem probeweisen Austausch, bei dem sie das Arrangement zunächst unverbindlich testen. Dies geschieht mehrere Male, und erst wenn dabei alles glatt verläuft, erschafft sich der Walk-out eine schwere Krankheit oder verwickelt sich in einen Unfall. Manchmal geschieht der Wechsel auch einfach im Schlaf, ohne eine äußere Krisensituation, aber das kommt nur selten vor. Zum vereinbarten Zeitpunkt verlässt der Walk-out seinen Körper und der Walk-in zieht darin ein und bewohnt den Körper von da an dauerhaft.

Im Unterschied zu Fällen von Besessenheit oder medialer Kontrolle beherbergt der Körper in diesem Fall nur eine Seele, die des Walk-in. Da all dies mit völligem Einverständnis und aktiver Kooperation des Walk-out geschieht, sind keine negativen oder dunklen Energien im Spiel.

Der Walk-in übernimmt die Erinnerungen des Walk-out und ist sich möglicherweise nicht bewusst, dass er oder sie ein Walk-in ist. Für Walk-ins gibt es keine typischen körperlichen Erkennungsmerkmale, da Wesen aller Art sich entschließen können, Walk-ins oder Walk-outs zu werden. Dennoch, hier sind einige Anzeichen dafür, dass ein Körper von einem Walk-in übernommen wurde:

- **Drastische Persönlichkeitsveränderungen**: Nachdem während einer Krankheit oder eines Unfalls das Walk-in stattgefunden hat, sagen die Freunde und Angehörigen des Betreffenden: »Du verhältst dich so anders als früher.

Manchmal habe ich das Gefühl, dich gar nicht mehr zu kennen!«

- **Wechsel des Lebensstils**: Oft missfällt neu inkarnierten Walk-ins die Lebensweise des Walk-out. Also nehmen sie, nachdem sie dessen Körper übernommen haben, Veränderungen vor. Vielleicht lassen sie sich scheiden, kündigen ihre Arbeit oder ziehen in eine andere Stadt. Allerdings gehört es zur Vereinbarung mit dem Walk-out, dass dessen Verpflichtungen auf angemessene Weise erfüllt werden. Änderungen der Lebensweise werden daher möglichst verantwortungsbewusst vollzogen.
- **Namensänderungen**: Vielleicht stellt der Walk-in fest, dass der Name der früheren Person nicht zu ihm passt. Also ändert er oder sie den Vornamen, legt sich einen zusätzlichen spirituellen Namen zu oder nimmt vielleicht sogar einen vollständig neuen Namen an.

Wenn Sie ein Erdenengel sind

Alle vier hier beschriebenen Arten von Erdenengeln sind außerordentlich stark intuitiv begabt. Allerdings fällt es ihnen oft schwer, ihrer Intuition zu vertrauen. Zum Teil resultiert dies aus ihrem jahrelangen Bemühen, sich an das Leben auf der Erde anzupassen. Die Gebräuche hier unterscheiden sich so stark von ihren natürlichen Neigungen, dass Sternenmenschen und inkarnierte Engel schließlich lernen, ihre inneren Gefühle zu unterdrücken.

Falls Sie sich fragen, ob Sie möglicherweise ein inkarnierter Engel sind, können Sie mithilfe Ihrer inneren Führung mehr darüber herausfinden. Wenden Sie sich vor dem Schlafengehen mit der folgenden Bitte an Ihr höheres Selbst und Ihre spirituelle Gruppe: »*Enthüllt mir bitte in einem Traum meine Herkunft, und zwar in Form einer klar verständlichen Botschaft, an die ich mich nach dem Aufwachen mühelos erinnere.*« Sie können diesen Satz auch auf einen Zettel schreiben und ihn unters Kopfkissen legen. Wenn Ihr Unterbewusstsein emotional dazu bereit ist, wird sich ein lebhafter luzider Traum einstellen, durch den Sie mehr über sich selbst herausfinden können.

Die Erde hat dem Universum viel zu geben. Dazu zählen Liebe, Licht und wertvolle Lernmöglichkeiten. Ich bete dafür, dass Sie, wenn Sie ein inkarnierter Erdenengel sind, Ihr Herz öffnen und Ihre Zeit auf diesem herrlichen Planeten wirklich genießen können.

12. KAPITEL

Zahlenkombinationen als Engelbotschaften

Die Engel geben sich alle erdenkliche Mühe, unsere Aufmerksamkeit zu erregen und mit uns zu kommunizieren. Damit helfen sie uns, unser Leben zu heilen. Oft missachten wir jedoch die Zeichen, die sie uns schicken, und tun sie als bloße Zufälle oder Phantasieprodukte ab.

Die Engel sagen:

»Wir können unsere Botschaften an euch nicht an den Himmel schreiben. Ihr müsst schon selbst Acht geben und vertrauen, wenn ihr seht, dass sich in eurem Leben bestimmte Muster herauskristallisieren – besonders als Reaktion auf Fragen oder Gebete, die ihr an uns gerichtet habt. Wenn ihr immer wieder das gleiche Lied im Radio hört oder bestimmte Zahlenfolgen euch immer wieder ins Auge springen, was glaubt ihr wohl, wer dahinter steckt? Eure Engel natürlich!«

Zahlenfolgen

Oft kommunizieren die Engel mit Ihnen, indem sie Ihnen immer wieder bestimmte Zahlenfolgen zeigen. Dafür gibt es zwei verschiedene Möglichkeiten. Zum einen flüstern sie Ihnen ins Ohr, sodass Sie im richtigen Moment auf die Digitaluhr schauen oder eine Telefonnummer auf einer Reklametafel sehen. Die Engel hoffen dann, dass Ihnen auffällt, wie oft Ihnen diese Zahlenfolge in letzter Zeit ins Auge springt. So könnte es beispielsweise sein, dass Sie immer wieder die Zahlenfolge 111 sehen. Jedes Mal, wenn Sie auf die Uhr schauen, ist es 1 Uhr 11 oder 11 Uhr 11.

Die zweite Möglichkeit, Ihnen bedeutungsvolle Zahlenfolgen zu übermitteln, besteht darin, es zum Beispiel zu arrangieren, dass ein Wagen mit dieser Zahlenfolge auf dem Nummernschild vor Ihnen her fährt. Menschen, die sich dieses Phänomens bewusst sind, können großes Geschick darin entwickeln, die Bedeutung verschiedener Nummernschilder zu entschlüsseln. Auf diese Weise können die Engel Ihnen detaillierte Botschaften mitteilen. (Denken Sie an den Film *L.A. Story*, in dem der von Steve Martin gespielte Charakter immer wieder aus Reklametafeln bedeutungsvolle Informationen bezog.)

Nachfolgend finden Sie die grundlegenden Bedeutungen verschiedener Zahlenkombinationen. Falls Ihre persönliche Situation eine andere Deutung erfordert, werden Ihre Engel Sie das wissen lassen. Fragen Sie sie: »Was möchtet ihr mir gerne mitteilen?« Bereitwillig versorgen Sie sie dann mit zusätzlichen Informationen, die Ihnen helfen, ihre Botschaften zu entschlüsseln.

111 – Beobachten Sie Ihr Denken aufmerksam und achten Sie darauf, nur an das zu denken, was Sie wirklich wollen, und nicht an das, was Sie nicht wollen. Diese Zahlenfolge zeigt an, dass sich Ihnen neue Möglichkeiten eröffnen. Ihre Gedanken manifestieren sich gegenwärtig in Rekordgeschwindigkeit in der Außenwelt. Die 111 ist wie das helle Aufleuchten eines Blitzlichts. Sie bedeutet, dass das Universum gerade einen Schnappschuss, eine Momentaufnahme Ihrer Gedanken gemacht hat und sie nun in der Außenwelt Gestalt annehmen lässt. Gefallen

Ihnen die Gedanken, die nun vom Universum manifestiert werden? Wenn nicht, sollten Sie Ihr Denken korrigieren. (Wenn Ihnen das schwer fällt, können Sie Ihre Engel um Hilfe bitten.)

222 – Unsere frisch gepflanzten Ideen beginnen, in der Wirklichkeit aufzugehen und zu wachsen. Schon bald werden sie aus dem Boden sprießen und sichtbar Gestalt annehmen. Geben Sie also nicht zu früh auf! Bleiben Sie bei der Stange, denn das Gewünschte wird sich in Kürze in Ihrem Leben manifestieren. Bleiben Sie bei Ihren positiven Gedanken, Affirmationen und Visualisierungsübungen.

333 – Die aufgestiegenen Meister sind Ihnen nah und möchten Sie ihrer Hilfe, Liebe und Unterstützung versichern. Beten Sie oft zu den Meistern, besonders wenn die Zahl 3 häufig in Ihrer Umgebung auftaucht. Zu den besonders berühmten aufgestiegenen Meistern zählen Jesus, Moses, Maria, Quan Yin und Yogananda.

444 – Die Engel senden Ihnen Liebe und Hilfe. Sorgen Sie sich nicht, denn die Hilfe der Engel ist nah.

555 – Schnallen Sie sich gut an, denn eine größere Veränderung in Ihrem Leben steht kurz bevor. Diese Veränderung sollte weder als positiv noch als negativ eingestuft werden, denn alle Veränderungen sind ein natürlicher Teil unseres ständig im Fluss befindlichen Lebens. Vielleicht ist diese Veränderung eine Antwort auf Ihre Gebete, bewahren Sie also eine friedvolle, ruhige Haltung.

666 – Ihr Denken ist momentan aus dem Gleichgewicht geraten, da Sie sich zu sehr auf die materielle Welt konzentrieren. Diese Zahlenreihe ist eine Aufforderung, Ihr Denken zwischen Himmel und Erde auszubalancieren. Wie in der Bergpredigt fordern die Engel Sie auf, Ihre Aufmerksamkeit dem Geist und dem spirituellen Dienst zuzuwenden, weil dann ganz automatisch für Ihre materiellen und emotionalen Bedürfnisse gesorgt wird, ohne dass Sie selbst sich darum sorgen müssen.

777 – Die Engel spenden Ihnen Beifall – Glückwunsch, Sie sind auf dem richtigen Weg! Machen Sie weiter so und freuen Sie sich darauf, dass Ihr Wunsch bald Wirklichkeit wird. Das ist ein sehr positives Zeichen und Sie können damit rechnen, dass weitere Wunder geschehen.

888 – Eine Phase Ihres Lebens neigt sich dem Ende zu und dieses Zeichen möchte Sie vorwarnen, sodass Sie sich angemessen vorbereiten können. Diese Zahlenfolge kann anzeigen, dass eine Phase in Ihrer Karriere oder Ihrem Liebesleben vor dem Abschluss steht. Sie bedeutet aber auch, dass das Licht am Ende des Tunnels bald auftaucht. Außerdem verkündet sie, dass »die Früchte reif sind, um sie zu pflücken und zu genießen«. Mit anderen Worten, schieben Sie eine anstehende Veränderung nicht auf die lange Bank und zögern Sie nicht, sich an den Früchten Ihrer Arbeit zu erfreuen.

999 – Vollendung. Eine wesentliche Phase in Ihrem persönlichen Leben oder in der Menschheitsgeschichte geht zu Ende. Außerdem ist dies eine Botschaft an alle Lichtarbeiter, die sich der Heilung der Erde gewidmet haben. Sie besagt: »Macht euch an die Arbeit, denn Mutter Erde braucht euch jetzt dringend.«

000 – Eine Erinnerung daran, dass Sie eins sind mit Gott und die Gegenwart der Liebe des Schöpfers in sich spüren können und sollen. Außerdem ein Zeichen dafür, dass eine Angelegenheit abgeschlossen ist.

Zahlenkombinationen

Oft übermitteln die Engel Ihnen Botschaften, die aus einer Kombination von zwei oder mehr Zahlen bestehen. Im Folgenden finden Sie die Grundbedeutungen dreistelliger Kombinationen aus zwei Zahlen. Wenn Ihre Botschaft drei oder mehr Zahlen enthält, können Sie die nachfolgenden Antworten miteinander kombinieren. Wenn Ihnen beispielsweise immer wieder die Zahlenkombination 312 auffällt, verwenden Sie die Deutung für die Zahlenkombination 3 und 1 plus die Deutung für die Zahlenkombination 1 und 2.

Sie können aber auch die Quersumme bilden, wenn Sie glauben, dass Ihre innere Führung Ihnen dazu rät. Ergibt sich dabei eine einstellige Zahl, können Sie den Deutungstext für diese Zahl durchlesen, den Sie im vorigen Abschnitt finden (bei 6 also beispielsweise den Text für 666). Ist die Quersumme zweistellig, können Sie im folgenden Abschnitt den Text für die beiden Ziffern heraussuchen (bei 24 also den Text für die Kombination 2 und 4).

Kombinationen mit 1

1 und 2, zum Beispiel 121 oder 112 – Ihre Gedanken sind wie Samen, die nun anfangen aufzugehen. Gut möglich, dass Sie schon erste Anzeichen dafür bemerkt haben, dass Ihre Wünsche nun heranzureifen beginnen. Dies beweist, dass die Dinge für Sie in die gewünschte Richtung laufen. Bewahren Sie Glauben und Zuversicht!

1 und 3, zum Beispiel 133 oder 113 – Die aufgestiegenen Meister arbeiten mit Ihnen an Ihren Denkprozessen. In vielerlei Hinsicht agieren sie als weise Mentoren und unterrichten Sie in der uralten Kunst der Manifestation. Sie übermitteln Ihnen Energie, damit Sie sich nicht entmutigt fühlen, sondern den wahren Zielen Ihrer Seele treu bleiben und zuversichtlich auf deren Verwirklichung hinarbeiten. Darüber hinaus können die aufgestiegenen Meister Ihnen Führung erteilen und Sie im Hinblick auf Ihre Lebensaufgabe beraten. Sie lehren jedoch stets, dass alle Schöpfung im Reich unserer Gedanken und Ideen ihren Anfang hat. Bitten Sie sie daher, Ihnen zu helfen, bezüglich Ihrer Ideen und Ziele eine kluge Wahl zu treffen.

1 und 4, zum Beispiel 114 oder 144 – Die Engel raten Ihnen dringend, jetzt sehr genau auf Ihre Gedanken zu achten. Wünschen Sie sich jetzt schnell etwas! Vor Ihnen hat sich soeben ein Tor für die rasche Manifestation eines Wunsches geöffnet.

1 und 5, zum Beispiel 115 oder 151 – Ihre Gedanken sind es, die in Ihrem Leben Veränderungen herbeiführen. Steuern Sie Ihre Gedanken in die von Ihnen gewünschte Richtung. Wenn die Veränderungen, die Sie kommen sehen, nicht Ihren Wünschen entsprechen, können Sie jederzeit den Kurs ändern, indem Sie Ihr Denken ändern.

1 und 6, zum Beispiel 116 oder 166 – Richten Sie Ihr Denken himmelwärts und lösen Sie sich von Sorgen um materielle Dinge.

1 und 7, zum Beispiel 117 oder 177 – Dies ist eine Bestätigung, dass Sie Ihre Sache ganz ausgezeichnet machen. Sie sind auf dem richtigen Weg. Weiter so! Sie haben Ihre Gedanken gut gewählt und sollten sich noch konsequenter auf Ihre Ziele konzentrieren. Versäumen Sie nicht, Ihre Gedanken mit starken positiven Emotionen aufzuladen, zum Beispiel indem Sie sich wirklich dankbar fühlen für die vielen Segnungen in Ihrem Leben. Dankbarkeit wird die Manifestation Ihrer Wünsche beschleunigen.

1 und 8, zum Beispiel 181 oder 118 – Sie nähern sich dem Ende einer bedeutsamen Lebensphase. Wenn es in Ihrem Leben etwas gibt, dessen Sie müde sind, können Sie sich darauf freuen, dass es nun geheilt oder durch etwas Besseres ersetzt wird. Lösen Sie sich von den Teilen Ihres Lebens, die nicht funktionieren. Das bessere

Leben, von dem Sie träumen, wird sich nun verwirklichen.

1 und 9, zum Beispiel 119 oder 199 – Als Resultat Ihres Denkens hat sich eine neue Tür für Sie geöffnet. Sie haben nun Gelegenheit, Ihrem Denken ins Gesicht zu sehen und Ihren eigenen Schöpfungen Auge in Auge gegenüberzutreten. Lassen Sie das Alte hinter sich und ersetzen Sie es durch Neues, das im Einklang mit Ihren Herzenswünschen steht.

1 und 0, zum Beispiel 100 oder 110 – Die machtvolle Führung Gottes und der Engel fordert Sie auf, Ihr Denken zu wandeln. Vielleicht haben Sie darum gebetet, glücklicher und gesünder zu werden. Wenn ja, dann ist dies eine Antwort auf Ihre Gebete. Gott weiß, dass die Lösung, nach der Sie suchen, in Ihrem eigenen Denken geboren wird. Bitten Sie Gott, Ihrem Denken die Richtung zu weisen und Ihnen in dieser Zeit des Wandels beizustehen.

Kombinationen mit 2

2 und 1, zum Beispiel 221 oder 212 – Ihre Gedanken sind wie Samen, die nun anfangen aufzugehen. Gut möglich, dass Sie schon erste Anzeichen dafür bemerkt haben, dass Ihre Wünsche nun heranzureifen beginnen. Dies beweist, dass die Dinge für Sie in die gewünschte Richtung laufen. Bewahren Sie Glauben und Zuversicht!

2 und 3, zum Beispiel 223 oder 232 – Die aufgestiegenen Meister arbeiten als Mitschöpfer gemeinsam mit Ihnen an Ihrem neuen Projekt. Sie versichern Ihnen, dass sie Ihre Begeisterung teilen und dass sich die Dinge sehr gut entwickeln werden. Die Meister sehen vorher, dass Ihnen in Zukunft das Glück gewiss ist, nach dem Sie streben. Genießen Sie diese neue Lebensphase!

2 und 4, zum Beispiel 224 oder 244 – In dem Buch *Ein Kurs in Wundern** heißt es: »Die Engel nähren deinen neu geborenen Entschluss.« Diese Zahlenkombination ist ein Zeichen, dass Ihnen für die angestrebte Veränderung in Ihrem Leben Hilfe von oben sicher ist. Im Moment ist es für Sie besonders wichtig zu wissen, dass Sie nicht allein sind. Die Zahlenfolge aus 2 und 4 ist ein Signal Ihrer Engel, die Ihnen sagen möchten, dass sie Sie jetzt besonders intensiv unterstützen.

2 und 5, zum Beispiel 255 oder 225 – Ihre Gebete und Absichten sind klar, stark und frei von Vorbehalten und Hintergedanken. Daher kann die Veränderung jetzt sehr schnell eintreten, vielleicht viel schneller, als Sie erwarten. Geben Sie Acht, dass Sie nicht den Boden unter den Füßen verlieren, wenn Ihre Wünsche sich so rasch erfüllen. Auch kann diese Erfüllung auf ganz unerwartete Weise geschehen, was Sie aber nicht in Ihrem Glauben wankend machen sollte. Sprechen Sie oft mit Gott und bitten Sie ihn, Ihnen Kraft und Mut zu verleihen.

2 und 6, zum Beispiel 266 oder 226 – Eine Neuerwerbung oder ein Kauf stehen ins Haus.

2 und 7, zum Beispiel 277 oder 272 – Haben Sie sich in jüngster Zeit um eine neue Arbeits- oder Ausbildungsstelle beworben oder einen Kredit beantragt? Diese Zahlenkombination kündigt gute Nachrichten an. Auch ist sie eine Ermahnung, bei der Stange zu bleiben und auf keinen Fall den Mut zu verlieren.

2 und 8, zum Beispiel 288 oder 282 – Eine Tür schließt sich, doch dafür öffnet sich eine andere. Hören Sie jetzt besonders gut auf Ihre Intuition, denn sie wird Ihnen sagen, welche Schritte als Nächstes zu tun sind, um Ihnen Erfolg und Fülle zu garantieren.

---

* *Ein Kurs in Wundern.* Greuthof, Gutach 1994.

2 und 9, zum Beispiel 299 oder 292 – Wenn Sie kürzlich einen Verlust erlitten haben (zum Beispiel den Verlust des Arbeitsplatzes oder das Ende einer Beziehung), können Sie damit rechnen, dass sich Ihnen in naher Zukunft neue Möglichkeiten eröffnen. Alles entwickelt sich jetzt zu Ihren Gunsten, allerdings größtenteils für Sie unsichtbar, hinter den Kulissen, sodass Sie sich vielleicht fragen, ob Gott Sie vergessen hat. Seien Sie unbesorgt! Spüren Sie, wie Ihre Lebensenergie Sie jetzt vorwärts trägt. Fassen Sie Ihren kürzlich erlittenen Verlust nicht als Strafe auf. Stattdessen bereitet das Universum Sie gegenwärtig auf positive neue Entwicklungen vor.

2 und 0, zum Beispiel 200 oder 202 – Gott möchte Ihnen sagen, dass er Sie keinesfalls vergessen oder im Stich gelassen hat. Er liebt Sie wirklich sehr! Tatsächlich ist Gott gerade dabei, in Ihrem Leben eine wunderschöne neue Phase vorzubereiten. Sprechen Sie oft mit Gott, dann werden Sie spüren, wie dieses Wunder allmählich Gestalt annimmt. Gott möchte Sie außerdem daran erinnern, wie wichtig »göttliches Timing« ist. Manchmal müssen erst bestimmte Faktoren zusammenkommen, ehe das von Ihnen erstrebte Ziel erreicht werden kann. Solange Sie gedankliche Disziplin und gläubige Zuversicht wahren, vermag nichts und niemand Sie von der Verwirklichung Ihres Begehrens abzuhalten.

Kombinationen mit 3

3 und 1, zum Beispiel 311 oder 313 – Die aufgestiegenen Meister arbeiten mit Ihnen an Ihren Denkprozessen. In vielerlei Hinsicht agieren sie als weise Mentoren und unterrichten Sie in der uralten Kunst der Manifestation. Sie übermitteln Ihnen Energie, damit Sie sich nicht entmutigt fühlen, sondern den wahren Zielen Ihrer Seele treu bleiben und zuversichtlich auf deren Verwirklichung hinarbeiten. Darüber hinaus können die aufgestiegenen Meister Ihnen Führung erteilen und Sie im Hinblick auf Ihre Lebensbestimmung beraten. Sie lehren jedoch stets, dass alle Schöpfung im Reich unserer Gedanken und Ideen ihren Anfang hat. Bitten Sie sie daher, Ihnen zu helfen, bezüglich Ihrer Ideen und Ziele eine kluge Wahl zu treffen.

3 und 2, zum Beispiel 322 oder 332 – Die aufgestiegenen Meister arbeiten als Mitschöpfer gemeinsam mit Ihnen an Ihrem neuen Projekt. Sie versichern Ihnen, dass sie Ihre Begeisterung teilen und dass sich die Dinge sehr gut entwickeln werden. Die Meister sehen vorher, dass Ihnen in Zukunft das Glück gewiss ist, nach dem Sie streben. Genießen Sie diese neue Lebensphase!

3 und 4, zum Beispiel 334 oder 344 – Sie bekommen zurzeit wirklich jede Menge Hilfe! Sowohl die aufgestiegenen Meister wie auch die Engel stehen Ihnen bei, helfen Ihnen, inspirieren Sie und lieben Sie. Nehmen Sie diese Hilfe liebevoll an, so wie auch die Meister und Engel Sie liebevoll annehmen.

3 und 5, zum Beispiel 353 oder 335 – Die aufgestiegenen Meister möchten Sie auf eine große Veränderung in Ihrem Leben vorbereiten, die nun kurz bevorsteht. Sie bedeuten Ihnen, dass sie während dieser Veränderung an Ihrer Seite sind und dass alles gut wird. Öffnen Sie sich für den Wandel und sehen Sie das Gute in allem, was geschieht.

3 und 6, zum Beispiel 363 oder 336 – Die aufgestiegenen Meister helfen Ihnen dabei, alle materiellen Dinge zu manifestieren, die Sie zur Erfüllung Ihrer göttlichen Lebensaufgabe benötigen. Ob es sich dabei nun um Geld für eine Ausbildung handelt oder um Gelegenheiten für Ihre Arbeit als Lehrer oder Heilerin, die Meister helfen mit, diese Quellen zu erschließen. Und Sie verdienen es, solche Hilfe zu erhalten, denn dies versetzt Sie in die Lage, Ihrerseits anderen besser helfen zu können.

3 und 7, zum Beispiel 377 oder 373 – Die aufgestiegenen Meister freuen sich, denn sie erkennen nicht nur Ihre wahre innere Göttlichkeit, sie sind auch absolut einverstanden mit dem Pfad, für den Sie sich entschieden haben. Sie signalisieren Ihnen, dass Sie es verdienen, glücklich zu sein und sich des Segens zu erfreuen, der Ihr göttliches Erbe und Teil Ihrer Bestimmung ist.

3 und 8, zum Beispiel 338 oder 383 – »Vorwärts! Nicht nachlassen!«, rufen die Meister Ihnen zu. Steigern Sie Ihre Energie und Konzentration. Denken Sie daran, dass Sie eins sind mit Gott und allem, was lebt. Das verleiht Ihnen enorme Kraft.

3 und 9, zum Beispiel 393 oder 339 – Diese Zahlenkombination fordert Sie nachdrücklich auf, sich aus Lebenssituationen zu befreien, die nicht im Einklang mit Ihrer persönlichen Integrität stehen oder Ihnen nicht länger förderlich sind. Klammern Sie sich nicht aus Angst vor Veränderung an eigentlich überlebten Situationen fest. Machen Sie sich bewusst, dass immer für Sie gesorgt ist. Es ist entscheidend wichtig, dass Sie sich selbst und Ihre Zukunft in einem positiven Licht sehen. Durch eine solche Sichtweise *erschaffen* Sie sich eine positive Zukunft. Bitten Sie also die Meister, Ihnen dabei zu helfen, liebevolle Gedanken zu wählen.

3 und 0, zum Beispiel 300 oder 330 – Gott und die aufgestiegenen Meister versuchen Ihre Aufmerksamkeit zu wecken, höchstwahrscheinlich wegen einer Angelegenheit, die mit Ihrer göttlichen Lebensaufgabe in Zusammenhang steht. Haben Sie in letzter Zeit vielleicht Botschaften Ihrer inneren Führung ignoriert? Dann ist es gut möglich, dass Sie nun das Gefühl haben, festzustecken und keine rechten Fortschritte zu machen. Diese Zahlenfolge ist eine himmlische Ermahnung, Ihrer Verantwortung als Mitschöpfer gerecht zu werden. Das bedeutet, die Botschaften Ihrer inneren Führung zu beachten und entsprechend zu handeln.

Kombinationen mit 4

4 und 1, zum Beispiel 441 oder 411 – Die Engel raten Ihnen dringend, jetzt sehr genau auf Ihre Gedanken zu achten. Wünschen Sie sich jetzt schnell etwas! Vor Ihnen hat sich soeben ein Tor für die rasche Manifestation eines Wunsches geöffnet. (Hinweis: 411 bedeutet: »Fragen Sie die Engel nach einer wichtigen Information, die Sie momentan dringend benötigen.«)

4 und 2, zum Beispiel 422 oder 442 – In dem Buch *Ein Kurs in Wundern** heißt es: »Die Engel nähren deinen neu geborenen Entschluss.« Diese Zahlenkombination ist ein Zeichen, dass Ihnen für die angestrebte Veränderung in Ihrem Leben Hilfe von oben sicher ist. Im Moment ist es für Sie besonders wichtig zu wissen, dass Sie nicht allein sind. Die Zahlenfolge aus 2 und 4 ist ein Signal Ihrer Engel, die Ihnen sagen möchten, dass sie Sie jetzt besonders intensiv unterstützen.

4 und 3, zum Beispiel 443 und 433 – Sie bekommen zurzeit wirklich jede Menge Hilfe! Sowohl die aufgestiegenen Meister wie auch die Engel stehen Ihnen bei, helfen Ihnen, inspirieren Sie und lieben Sie. Nehmen Sie diese Hilfe liebevoll an, so wie auch die Meister und Engel Sie liebevoll annehmen.

4 und 5, zum Beispiel 455 oder 445 – Bei einer gerade anstehenden wichtigen Veränderung in Ihrem Leben können Sie auf volle Unterstützung durch Ihre Engel bauen.

---

* *Ein Kurs in Wundern.* Greuthof, Gutach 1994.

4 und 6, zum Beispiel 446 oder 466 – Ihre Engel möchten Sie warnen, dass Sie zurzeit Ihre Aufmerksamkeit zu sehr auf die materielle Welt richten. Übergeben Sie Ihre Sorgen den Engeln, dann können sie zu Ihren Gunsten tätig werden. Achten Sie auf eine harmonische Ausrichtung Ihres Bewusstseins zwischen Himmel und Erde und denken Sie daran, dass Sie über eine unerschöpfliche Versorgungsquelle verfügen, wenn Sie Hand in Hand mit Gott und den Engeln arbeiten.

4 und 7, zum Beispiel 477 oder 447 – Die Engel gratulieren Ihnen und sagen: »*Du machst deine Sache wirklich gut. Alles entwickelt sich bestens. Mit einer starken, festen Konzentration auf deine Lebensziele wirst du ausgezeichnete Resultate erreichen.*«

4 und 8, zum Beispiel 448 oder 488 – Diese Botschaft Ihrer Engel besagt, dass eine Lebensphase zu Ende geht. Aber Sie sollen wissen, dass Ihre Engel immer bei Ihnen sind und Ihnen helfen, sich ein neues Leben aufzubauen, das mehr in Einklang ist mit Ihren Bedürfnissen, Wünschen und Gaben.

4 und 9, zum Beispiel 494 oder 449 – Die Engel sagen, dass es für Sie an der Zeit ist, sich aus einer Situation zu lösen, die abgeschlossen ist. Die Engel erinnern Sie daran, dass sich für jede Tür, die sich schließt, stets eine neue öffnet. Die Engel helfen Ihnen tatkräftig, neue Türen zu öffnen und sich von allem Schmerz zu heilen, der Ihnen in der gegenwärtigen Übergangsphase zu schaffen macht. Bitten Sie die Engel, Sie in dem Glauben zu bestärken, dass alles, was sich derzeit in Ihrem Leben abspielt, die Antwort auf Ihre Gebete ist.

4 und 0, zum Beispiel 440 oder 400 – Gott und die Engel möchten Sie wissen lassen, dass Sie in ihrer Liebe ruhen. Sie bitten Sie, sich einen Moment Zeit zu nehmen, um diese Liebe zu spüren, die auf viele Ihrer Fragen Antwort gibt und Ihnen hilft, jede Herausforderung zu meistern.

Kombinationen mit 5

5 und 1, zum Beispiel 511 oder 515 – Ihre Gedanken sind es, die in Ihrem Leben Veränderungen herbeiführen. Steuern Sie Ihre Gedanken in die von Ihnen gewünschte Richtung. Wenn die Veränderungen, die Sie kommen sehen, nicht Ihren Wünschen entsprechen, können Sie jederzeit den Kurs ändern, indem Sie Ihr Denken ändern.

5 und 2, zum Beispiel 522 oder 552 – Ihre Gebete und Absichten sind klar, stark und frei von Vorbehalten und Hintergedanken. Daher kann die Veränderung jetzt sehr schnell eintreten, vielleicht viel schneller, als Sie erwarten. Geben Sie Acht, dass Sie nicht den Boden unter den Füßen verlieren, wenn Ihre Wünsche sich so rasch erfüllen. Auch kann diese Erfüllung auf ganz unerwartete Weise geschehen, was Sie aber nicht in Ihrem Glauben wankend machen sollte. Sprechen Sie oft mit Gott und bitten Sie ihn, Ihnen Kraft und Mut zu verleihen.

5 und 3, zum Beispiel 533 oder 553 – Die aufgestiegenen Meister möchten Sie auf eine große Veränderung in Ihrem Leben vorbereiten, die nun kurz bevorsteht. Sie bedeuten Ihnen, dass sie während dieser Veränderung an Ihrer Seite sind und dass alles gut wird. Öffnen Sie sich für den Wandel und sehen Sie das Gute in allem, was geschieht.

5 und 4, zum Beispiel 554 oder 544 – Bei einer gerade anstehenden wichtigen Veränderung in Ihrem Leben können Sie auf volle Unterstützung durch Ihre Engel bauen.

5 und 6, zum Beispiel 556 oder 566 – Ihr materielles Leben wird sich merklich verändern. Bei dieser Veränderung könnte es sich um ein neues Haus, ein Auto oder einen anderen neuen Besitz handeln.

5 und 7, zum Beispiel 577 oder 575 – Dies ist eine Bestätigung, dass Sie auf dem richtigen Kurs sind und daher mit Verbesserungen im körperlichen, emotionalen oder intellektuellen Bereich rechnen können – oder in allen drei Bereichen zugleich. Behalten Sie diesen Kurs bei, dann werden sich schon bald positive Veränderungen für Sie und Ihre Angehörigen einstellen.

5 und 8, zum Beispiel 588 oder 558 – Diese Zahlenfolge zeigt an, dass Sie sich in der elften Stunde befinden, kurz vor einer wichtigen Veränderung. Fürchten Sie sich nicht vor dieser Veränderung, die nun unmittelbar bevorsteht, denn Sie werden allzeit geliebt und unterstützt.

5 und 9, zum Beispiel 599 oder 595 – Damit die Veränderungen sich manifestieren können, müssen Sie sich von Ihrer Vergangenheit lösen. Diese Zahlenkombination ist ein Appell, das Alte hinter sich zu lassen, im Wissen, dass es zu seiner Zeit wertvoll für Sie war. Doch das Leben fließt und wandelt sich ständig. Neue Erfahrungen warten auf Sie. Indem Sie sich liebevoll von alten Gewohnheiten und Situationen lösen, laden Sie das Neue in Ihr Leben ein.

5 und 0, zum Beispiel 500 oder 550 – Eine wichtige Botschaft, die besagt, dass die Veränderungen in Ihrem Leben göttlich gesegnet sind und sich in vollkommener Ordnung vollziehen. Sie sind Geschenke Gottes und stehen im Einklang mit dem, was Gott für Ihr höheres Selbst will.

Kombinationen mit 6

6 und 1, zum Beispiel 611 oder 661 – Richten Sie Ihr Denken himmelwärts und lösen Sie sich von Sorgen um materielle Dinge. (Hinweis: 611 bedeutet: »Bitten Sie um Hilfe bei der Heilung von etwas, das Sie in diesem Moment in der materiellen Welt irritiert oder Ihnen Kopfzerbrechen bereitet.«)

6 und 2, zum Beispiel 622 oder 662 – Eine Neuerwerbung oder ein Kauf stehen ins Haus.

6 und 3, zum Beispiel 663 oder 633 – Die aufgestiegenen Meister helfen Ihnen dabei, alle materiellen Dinge zu manifestieren, die Sie zur Erfüllung Ihrer göttlichen Lebensaufgabe benötigen. Ob es sich dabei nun um Geld für eine Ausbildung handelt oder um Gelegenheiten für Ihre Arbeit als Lehrer oder Heilerin, die Meister helfen mit, diese Quellen zu erschließen. Und Sie verdienen es, solche Hilfe zu erhalten, denn dies versetzt Sie in die Lage, Ihrerseits anderen besser helfen zu können.

6 und 4, zum Beispiel 644 oder 664 – Ihre Engel möchten Sie warnen, dass Sie zurzeit Ihre Aufmerksamkeit zu sehr auf die materielle Welt richten. Übergeben Sie Ihre Sorgen den Engeln, dann können sie zu Ihren Gunsten tätig werden. Achten Sie auf eine harmonische Ausrichtung Ihres Bewusstseins zwischen Himmel und Erde und denken Sie daran, dass Sie über eine unerschöpfliche Versorgungsquelle verfügen, wenn Sie Hand in Hand mit Gott und den Engeln arbeiten.

6 und 5, zum Beispiel 665 oder 655 – Ihr materielles Leben wird sich merklich verändern. Bei dieser Veränderung könnte es sich um ein neues Haus, ein Auto oder einen anderen neuen Besitz handeln.

6 und 7, zum Beispiel 667 oder 677 – Eine Bestätigung, dass die Art und Weise, wie Sie mit der materiellen Welt umgehen, genau richtig ist. Es ist Ihnen mit Erfolg gelungen, Ihr Denken und Handeln zu harmonisieren, sodass Körper, Geist und Seele bei Ihnen im Gleichgewicht sind. Weiter so!

6 und 8, zum Beispiel 668 oder 688 – Sich von einem materiellen Gegenstand zu trennen, zum Beispiel durch

Verkauf, wird Ihnen momentan gut gelingen. Der Zeitpunkt dafür ist günstig.

6 und 9, zum Beispiel 669 oder 699 – Lösen Sie sich innerlich von materiellen Besitztümern, insbesondere wenn Ihr Denken obsessiv um bestimmte materielle Dinge kreist. Diese Zahlenfolge ist eine Aufforderung, loszulassen und sich innerlich zu befreien. Auch kündigt sie an, dass etwas, das Sie verkauft oder verloren haben, nun durch etwas Besseres ersetzt werden wird. Seien Sie offen dafür, neuen Besitz zu erwerben, der zu Ihrer fortschreitenden geistigen Entwicklung passt. Sie verdienen von allem nur das Beste!

6 und 0, zum Beispiel 600 oder 660 – Dies ist eine Botschaft Ihres Schöpfers, die Ihr materielles Leben betrifft. Die göttliche Führung empfiehlt Ihnen, sich weniger auf irdische Begierden zu konzentrieren. Das bedeutet aber keinesfalls, dass Gott von Ihnen verlangt, ein ärmliches Leben zu führen. Vielmehr möchte Ihr Schöpfer, dass Sie Ihre Bedürfnisse auf spirituellere Weise befriedigen. Gott wohnt in Ihnen und ist in der Lage, optimal für alle Ihre Bedürfnisse zu sorgen. Sie müssen nur daran glauben und dankbar sein, dann wird bestens für Sie gesorgt. *»Trachtet zuerst nach dem Reich Gottes, dann wird euch alles andere zufallen.«* Das ist der Kern dieser Zahlenbotschaft.

Kombinationen mit 7

7 und 1, zum Beispiel 711 oder 771 – Dies ist eine Bestätigung, dass Sie Ihre Sache ganz ausgezeichnet machen. Sie sind auf dem richtigen Weg. Weiter so! Sie haben Ihre Gedanken gut gewählt und sollten sich noch konsequenter auf Ihre Ziele konzentrieren. Versäumen Sie nicht, Ihre Gedanken mit starken positiven Emotionen aufzuladen, zum Beispiel indem Sie sich wirklich dankbar fühlen für die vielen Segnungen in Ihrem Leben.

Dankbarkeit wird die Manifestation Ihrer Wünsche beschleunigen.

7 und 2, zum Beispiel 722 oder 772 – Haben Sie sich in jüngster Zeit um eine neue Arbeits- oder Ausbildungsstelle beworben oder einen Kredit beantragt? Diese Zahlenkombination kündigt gute Nachrichten an. Auch ist sie eine Ermahnung, bei der Stange zu bleiben und auf keinen Fall den Mut zu verlieren.

7 und 3, zum Beispiel 733 oder 773 – Die aufgestiegenen Meister freuen sich, denn sie erkennen nicht nur Ihre wahre innere Göttlichkeit, sie sind auch absolut einverstanden mit dem Pfad, für den Sie sich entschieden haben. Sie signalisieren Ihnen, dass Sie es verdienen, glücklich zu sein und sich des Segens zu erfreuen, der Ihr göttliches Erbe und Teil Ihrer Bestimmung ist.

7 und 4, zum Beispiel 774 oder 744 – Die Engel gratulieren Ihnen und sagen: »*Du machst deine Sache wirklich gut. Alles entwickelt sich bestens. Mit einer starken, festen Konzentration auf deine Lebensziele wirst du ausgezeichnete Resultate erreichen.*«

7 und 5, zum Beispiel 775 oder 755 – Dies ist eine Bestätigung, dass Sie auf dem richtigen Kurs sind und daher mit Verbesserungen im körperlichen, emotionalen oder intellektuellen Bereich rechnen können – oder in allen drei Bereichen zugleich. Behalten Sie diesen Kurs bei, dann werden sich schon bald positive Veränderungen für Sie und Ihre Angehörigen einstellen.

7 und 6, zum Beispiel 776 oder 766 – Eine Bestätigung, dass die Art und Weise, wie Sie mit der materiellen Welt umgehen, genau richtig ist. Es ist Ihnen mit Erfolg gelungen, Ihr Denken und Handeln zu harmonisieren, sodass Körper, Geist und Seele bei Ihnen im Gleichgewicht sind. Weiter so!

7 und 8, zum Beispiel 778 oder 788 – Haben Sie in letzter Zeit das Gefühl, dass eine berufliche Aufgabe oder eine Liebesbeziehung zu Ende geht? Diese Zahlenfolge bestätigt die Richtigkeit dieses Gefühls. Das bevorstehende Ende könnte eine wesentliche positive Veränderung Ihrer Lebenssituation bewirken. Es sieht stark danach aus, dass ein Abschnitt Ihres Lebens sich erfüllt hat. Wie auch immer, diese Zahlen kündigen eine positive Veränderung an, die Auflösung einer angespannten Situation. Halten Sie durch, schon bald wird Ihr Leben spürbar leichter werden.

7 und 9, zum Beispiel 779 oder 799 – Herzlichen Glückwunsch! Sie lösen sich nun von alten Elementen Ihres Lebens, die Ihrem heutigen Entwicklungsstand nicht mehr angemessen sind. Sie führen jetzt ein authentischeres Leben, im Einklang mit Ihrem höheren Selbst. Diese Zahlenfolge besagt, dass die Engel Ihnen applaudieren, weil Sie sich zu einem aufrichtigen, ehrlichen Leben entschlossen haben.

7 und 0, zum Beispiel 700 oder 770 – Bravo!, ruft Gott Ihnen zu, in Anerkennung der geistigen, spirituellen und physischen Arbeit, die Sie geleistet haben. Der Pfad, den Sie eingeschlagen haben, ermöglicht es Ihnen, sich selbst und vielen anderen Menschen zu helfen, und Gott bittet Sie, Ihre wunderbare Arbeit fortzusetzen.

Kombinationen mit 8

8 und 1, zum Beispiel 811 oder 881 – Sie nähern sich dem Ende einer bedeutsamen Lebensphase. Wenn es in Ihrem Leben etwas gibt, dessen Sie müde sind, können Sie sich darauf freuen, dass es nun geheilt oder durch etwas Besseres ersetzt wird. Lösen Sie sich von den Teilen Ihres Lebens, die nicht funktionieren. Das bessere Leben, von dem Sie träumen, wird sich nun verwirklichen.

8 und 2, zum Beispiel 822 oder 882 – Eine Tür schließt sich, doch dafür öffnet sich eine andere. Hören Sie jetzt besonders gut auf Ihre Intuition, denn sie wird Ihnen sagen, welche Schritte als Nächstes zu tun sind, um Ihnen Erfolg und Fülle zu garantieren.

8 und 3, zum Beispiel 883 oder 833 – »Vorwärts! Nicht nachlassen!«, rufen die Meister Ihnen zu. Steigern Sie Ihre Energie und Konzentration. Denken Sie daran, dass Sie eins sind mit Gott und allem, was lebt. Das verleiht Ihnen enorme Kraft.

8 und 4, zum Beispiel 884 oder 844 – Diese Botschaft Ihrer Engel besagt, dass eine Lebensphase zu Ende geht. Aber Sie sollen wissen, dass Ihre Engel immer bei Ihnen sind und Ihnen helfen, sich ein neues Leben aufzubauen, das mehr im Einklang ist mit Ihren Bedürfnissen, Wünschen und Gaben.

8 und 5, zum Beispiel 885 oder 855 – Diese Zahlenfolge zeigt an, dass Sie sich in der elften Stunde befinden, kurz vor einer wichtigen Veränderung. Fürchten Sie sich nicht vor dieser Veränderung, die nun unmittelbar bevorsteht, denn Sie werden allzeit geliebt und unterstützt.

8 und 6, zum Beispiel 886 oder 866 – Sich von einem materiellen Gegenstand zu trennen, zum Beispiel durch Verkauf, wird Ihnen momentan gut gelingen. Der Zeitpunkt dafür ist günstig.

8 und 7, zum Beispiel 887 oder 877 – Haben Sie in letzter Zeit das Gefühl, dass eine berufliche Aufgabe oder eine Liebesbeziehung zu Ende geht? Diese Zahlenfolge bestätigt die Richtigkeit dieses Gefühls. Das bevorstehende Ende könnte eine wesentliche positive Veränderung Ihrer Lebenssituation bewirken. Es sieht stark danach aus, dass ein Abschnitt Ihres Lebens sich erfüllt hat. Wie auch immer, diese Zahlen kündigen eine positive Veränderung an, die Auflösung einer angespannten Situation. Halten Sie durch, schon bald wird Ihr Leben spürbar leichter werden.

8 und 9, zum Beispiel 889 oder 899 – Eine wichtige Lebensphase ist zu Ende. Wenn ein Zug anhält, pflanzt sich die Bewegung von vorne nach hinten fort, und es dauert einen Moment, bis auch der letzte Waggon stillsteht. Gegenwärtig stehen in Ihrem Leben manche Signale auf Rot, es gibt eine allgemeine Verlangsamung des Tempos und auch einigen Stillstand. Machen Sie sich deswegen aber keine Sorgen, denn diese Veränderungen sind notwendig, damit neue Entwicklungen in Gang gesetzt werden können.

8 und 0, zum Beispiel 800 oder 808 – Eine Botschaft Ihres göttlichen Schöpfers, die Ihnen signalisiert, dass die bevorstehenden Veränderungen in Ihrem Leben Teil Ihres göttlichen Lebensplanes sind. Sie sind die Antwort auf Ihre Gebete und stehen in völligem Einklang mit dem göttlichen Willen. Bitten Sie Gott, etwaige Ängste zu lindern, die Ihnen angesichts der kommenden Veränderungen zu schaffen machen.

Kombinationen mit 9

9 und 1, zum Beispiel 991 oder 919 – Als Resultat Ihres Denkens hat sich eine neue Tür für Sie geöffnet. Sie haben nun Gelegenheit, Ihrem Denken ins Gesicht zu sehen und Ihren eigenen Schöpfungen Auge in Auge gegenüberzutreten. Lassen Sie das Alte hinter sich und ersetzen Sie es durch Neues, das im Einklang mit Ihren Herzenswünschen steht.

9 und 2, zum Beispiel 992 oder 922 – Wenn Sie kürzlich einen Verlust erlitten haben (zum Beispiel den Verlust des Arbeitsplatzes oder das Ende einer Beziehung), können Sie damit rechnen, dass sich Ihnen in naher Zukunft neue Möglichkeiten eröffnen. Alles entwickelt sich jetzt zu Ihren Gunsten, allerdings größtenteils für Sie unsichtbar, hinter den Kulissen, sodass Sie sich vielleicht fragen, ob Gott Sie vergessen hat. Seien Sie unbesorgt! Spüren Sie, wie Ihre Lebensenergie Sie jetzt vorwärts trägt. Fassen Sie Ihren kürzlich erlittenen Verlust nicht als Strafe auf. Stattdessen bereitet das Universum Sie gegenwärtig auf positive neue Entwicklungen vor.

9 und 3, zum Beispiel 993 oder 933 – Diese Zahlenkombination fordert Sie nachdrücklich auf, sich aus Lebenssituationen zu befreien, die nicht im Einklang mit Ihrer persönlichen Integrität stehen oder Ihnen nicht länger förderlich sind. Klammern Sie sich nicht aus Angst vor Veränderung an eigentlich überlebten Situationen fest. Machen Sie sich bewusst, dass immer für Sie gesorgt ist. Es ist entscheidend wichtig, dass Sie sich selbst und Ihre Zukunft in einem positiven Licht sehen. Durch eine solche Sichtweise *erschaffen* Sie sich eine positive Zukunft. Bitten Sie also die Meister, Ihnen dabei zu helfen, liebevolle Gedanken zu wählen.

9 und 4, zum Beispiel 994 oder 944 – Die Engel sagen, dass es für Sie an der Zeit ist, sich aus einer Situation zu lösen, die abgeschlossen ist. Die Engel erinnern Sie daran, dass sich für jede Tür, die sich schließt, stets eine neue öffnet. Die Engel helfen Ihnen tatkräftig, neue Türen zu öffnen und sich von allem Schmerz zu heilen, der Ihnen in der gegenwärtigen Übergangsphase zu schaffen macht. Bitten Sie die Engel, Sie in dem Glauben zu bestärken, dass alles, was sich derzeit in Ihrem Leben abspielt, die Antwort auf Ihre Gebete ist.

9 und 5, zum Beispiel 959 oder 955 – Damit die Veränderungen sich manifestieren können, müssen Sie sich von Ihrer Vergangenheit lösen. Diese Zahlenkombination ist ein Appell, das Alte hinter sich zu lassen, im Wissen, dass es zu seiner Zeit wertvoll für Sie war. Doch das Leben fließt und wandelt sich ständig. Neue Erfahrungen warten auf Sie. Indem Sie sich liebevoll von alten Gewohnheiten und Situationen lösen, laden Sie das Neue in Ihr Leben ein.

9 und 6, zum Beispiel 966 oder 996 – Lösen Sie sich innerlich von materiellen Besitztümern, insbesondere wenn Ihr Denken obsessiv um bestimmte materielle Dinge kreist. Diese Zahlenfolge ist eine Aufforderung, loszulassen und sich innerlich zu befreien. Auch kündigt sie an, dass etwas, das Sie verkauft oder verloren haben, nun durch etwas Besseres ersetzt werden wird. Seien Sie offen dafür, neuen Besitz zu erwerben, der zu Ihrer fortschreitenden geistigen Entwicklung passt. Sie verdienen von allem nur das Beste!

9 und 7, zum Beispiel 979 oder 977 – Herzlichen Glückwunsch! Sie lösen sich nun von alten Elementen Ihres Lebens, die Ihrem heutigen Entwicklungsstand nicht mehr angemessen sind. Sie führen jetzt ein authentischeres Leben, im Einklang mit Ihrem höheren Selbst. Diese Zahlenfolge besagt, dass die Engel Ihnen applaudieren, weil Sie sich zu einem aufrichtigen, ehrlichen Leben entschlossen haben.

9 und 8, zum Beispiel 998 oder 988 – Eine wichtige Lebensphase ist zu Ende. Wenn ein Zug anhält, pflanzt sich die Bewegung von vorne nach hinten fort, und es dauert einen Moment, bis auch der letzte Waggon stillsteht. Gegenwärtig stehen in Ihrem Leben manche Signale auf Rot, es gibt eine allgemeine Verlangsamung des Tempos und auch einigen Stillstand. Machen Sie sich deswegen aber keine Sorgen, denn diese Veränderungen sind notwendig, damit neue Entwicklungen in Gang gesetzt werden können.

9 und 0, zum Beispiel 900 oder 909 – Eine Botschaft Ihres Schöpfers, die besagt, dass Gott auch weiterhin über das wacht, von dem Sie in Ihrem Leben gerade Abschied nehmen müssen. Nichts geht jemals wirklich verloren. Es gibt keinen Tod und es gibt keine Zufälle.

Die in Ihrem Leben eingetretene Veränderung enthält die Antwort auf Ihr Gebet. Gott teilt Ihnen mit, dass er Ihnen nichts wegnimmt und Ihnen keinen Verlust »auferlegt«. Vielmehr hat Ihr eigener Lebensplan diese Veränderung ausgelöst. Der Inhalt Ihrer Gebete spiegelt sich in Ihrer Situation wider, denn Ihnen wurde von Gott schöpferische Macht verliehen. Vergeben Sie allen Beteiligten. Das wird Sie befreien und Ihr Herz leicht machen, sodass Sie in eine wunderbare neue Lebensphase eintreten können.

Kombinationen mit 0

0 und 1, zum Beispiel 001 oder 010 – Die machtvolle Führung Gottes und der Engel fordert Sie auf, Ihr Denken zu wandeln. Vielleicht haben Sie darum gebetet, glücklicher und gesünder zu werden. Wenn ja, dann ist dies eine Antwort auf Ihre Gebete. Gott weiß, dass die Lösung, nach der Sie suchen, in Ihrem eigenen Denken geboren wird. Bitten Sie Gott, Ihrem Denken die Richtung zu weisen und Ihnen in dieser Zeit des Wandels beizustehen.

0 und 2, zum Beispiel 002 oder 020 – Gott möchte Ihnen sagen, dass er Sie keinesfalls vergessen oder im Stich gelassen hat. Er liebt Sie wirklich sehr! Tatsächlich ist Gott gerade dabei, in Ihrem Leben eine wunderschöne neue Phase vorzubereiten. Sprechen Sie oft mit Gott, dann werden Sie spüren, wie dieses Wunder allmählich Gestalt annimmt. Gott möchte Sie außerdem daran erinnern, wie wichtig »göttliches Timing« ist. Manchmal müssen erst bestimmte Faktoren zusammenkommen, ehe das von Ihnen erstrebte Ziel erreicht werden kann. Solange Sie gedankliche Disziplin und gläubige Zuversicht wahren, vermag nichts und niemand Sie von der Verwirklichung Ihres Begehrens abzuhalten.

0 und 3, zum Beispiel 003 oder 300 – Gott und die aufgestiegenen Meister versuchen Ihre Aufmerksamkeit zu wecken, höchstwahrscheinlich wegen einer Angelegenheit, die mit Ihrer göttlichen Lebensaufgabe in Zusammenhang steht. Haben Sie in letzter Zeit vielleicht Botschaften Ihrer inneren Führung ignoriert? Dann ist es gut möglich, dass Sie nun das Gefühl haben, festzustecken und keine rechten Fortschritte zu machen. Diese Zahlenfolge ist eine himmlische Ermahnung, Ihrer Verantwortung als Mitschöpfer gerecht zu werden. Das bedeutet, die Botschaften Ihrer inneren Führung zu beachten und entsprechend zu handeln.

0 und 4, zum Beispiel 040 oder 400 – Gott und die Engel möchten Sie wissen lassen, dass Sie in ihrer Liebe ruhen. Sie bitten Sie, sich einen Moment Zeit zu nehmen, um diese Liebe zu spüren, die auf viele Ihrer Fragen Antwort gibt und Ihnen hilft, jede Herausforderung zu meistern.

0 und 5, zum Beispiel 050 oder 550 – Eine wichtige Botschaft, die besagt, dass die Veränderungen in Ihrem Leben göttlich gesegnet sind und sich in vollkommener Ordnung vollziehen. Sie sind Geschenke Gottes und stehen im Einklang mit dem, was Gott für Ihr höheres Selbst will.

0 und 6, zum Beispiel 006 oder 066 – Dies ist eine Botschaft Ihres Schöpfers, die Ihr materielles Leben betrifft. Die göttliche Führung empfiehlt Ihnen, sich weniger auf irdische Begierden zu konzentrieren. Das bedeutet aber keinesfalls, dass Gott von Ihnen verlangt, ein ärmliches Leben zu führen. Vielmehr möchte Ihr Schöpfer, dass Sie Ihre Bedürfnisse auf spirituellere Weise befriedigen. Gott wohnt in Ihnen und ist in der Lage, optimal für alle Ihre Bedürfnisse zu sorgen. Sie müssen nur daran glauben und dankbar sein, dann wird bestens für Sie gesorgt. *»Trachtet zuerst nach dem Reich Gottes, dann* *wird euch alles andere zufallen.«* Das ist der Kern dieser Zahlenbotschaft.

0 und 7, zum Beispiel 007 oder 070 – Gott klopft Ihnen anerkennend auf die Schulter, weil Sie eine so gute geistige, spirituelle und physische Arbeit geleistet haben. Der Pfad, den Sie eingeschlagen haben, ermöglicht es Ihnen, sich selbst und vielen anderen Menschen zu helfen, und Gott bittet Sie, Ihre wunderbare Arbeit fortzusetzen.

0 und 8, zum Beispiel 088 oder 080 – Eine Botschaft Ihres göttlichen Schöpfers, die Ihnen signalisiert, dass die bevorstehenden Veränderungen in Ihrem Leben Teil Ihres göttlichen Lebensplanes sind. Sie sind die Antwort auf Ihre Gebete und stehen in völligem Einklang mit dem göttlichen Willen. Bitten Sie Gott, etwaige Ängste zu lindern, die Ihnen angesichts der kommenden Veränderungen zu schaffen machen.

0 und 9, zum Beispiel 099 oder 090 – Eine Botschaft Ihres Schöpfers, die besagt, dass Gott auch weiterhin über das wacht, von dem Sie in Ihrem Leben gerade Abschied nehmen müssen. Nichts geht jemals wirklich verloren. Es gibt keinen Tod und es gibt keine Zufälle. Die in Ihrem Leben eingetretene Veränderung enthält die Antwort auf Ihr Gebet. Gott teilt Ihnen mit, dass er Ihnen nichts wegnimmt und Ihnen keinen Verlust »auferlegt«. Vielmehr hat Ihr eigener Lebensplan diese Veränderung ausgelöst. Der Inhalt Ihrer Gebete spiegelt sich in Ihrer Situation wider, denn Ihnen wurde von Gott schöpferische Macht verliehen. Vergeben Sie allen Beteiligten. Das wird Sie befreien und Ihr Herz leicht machen, sodass Sie in eine wunderbare neue Lebensphase eintreten können.

Anhang

Übung zur Vergebung und Selbstbefreiung

Alle Menschen können durch den Prozess der Vergebung zu mehr innerem Frieden gelangen und sich energetisch stärken. Zu vergeben bedeutet immer, dass eine große Last von uns abfällt. Es ist, als ob wir bei einem Heißluftballon Ballast abwerfen und dadurch höher emporsteigen. Wie wäre es, wenn Sie jetzt gleich etwas Ballast aus dem Korb Ihres Ballons werfen? Vergeben Sie der ganzen Welt – einschließlich sich selbst –, dann werden Sie sich viel leichter und weniger ängstlich fühlen.

Dieser Prozess dauert zwischen 30 und 60 Minuten – und es lohnt sich wirklich, diese Zeit zu investieren! Viele Klienten berichten mir, wie sich allein durch diese Übung Ihr Leben tief greifend zum Besseren verändert hat. Hier sind einige Schritte, die Ihnen helfen, sich durch Vergebung zu befreien:

1. Machen Sie sich die Vorteile der Vergebung bewusst. Vergebung bedeutet nicht, dass Sie sagen: »Ich gebe mich geschlagen« oder »Ich hatte Unrecht und du hattest Recht«. Es geht auch nicht darum, jemandem ein offenkundiges Fehlverhalten durchgehen zu lassen. Vergebung ist einfach ein Weg, der es Ihnen ermöglicht, Ihren Geist zu befreien und ein unbegrenztes Wesen zu werden. Vergebung ist der Preis, den Sie bezahlen müssen, um dafür inneren Frieden und einen starken Zuwachs an Lebensenergie zu erhalten. Ich finde, das ist ein fairer Handel.

2. Erstellen Sie eine Vergebungsliste (diese Übung basiert teilweise auf der Arbeit des Autors John Randolph

Price). Schreiben Sie die Namen *aller* Personen auf, lebender und verstorbener, über die Sie sich in Ihrem bisherigen Leben geärgert haben. Bei den meisten Leuten entsteht dabei eine drei- oder vierseitige Liste. Es fallen ihnen plötzlich die Namen von Menschen ein, an die sie schon seit Jahren nicht mehr gedacht haben. Manche Leute schreiben sogar die Namen von Haustieren auf, mit denen sie irritierende Erlebnisse hatten, und fast jeder schreibt auch seinen eigenen Namen auf die Liste.

3. Loslassen und vergeben. Ziehen Sie sich in ein ruhiges Zimmer zurück, wo Sie ungestört sind, und gehen Sie die Namen auf der Liste nacheinander durch. Rufen Sie sich das Bild jeder einzelnen Person ins Gedächtnis und sagen Sie zu ihm oder ihr: »Ich vergebe dir und lasse dich jetzt vollständig los. Ab jetzt hege ich keinerlei Groll mehr gegen dich. Meine Vergebung ist vollkommen. Ich bin frei und du bist frei.« Es kann 30 Minuten oder länger dauern, bis Sie auf diese Weise allen Personen auf Ihrer Liste vergeben haben. Wichtig ist aber, dass Sie die gesamte Liste durchgehen und nicht zwischendrin abbrechen.

4. Tägliche Vergebung am Abend. Lassen Sie abends vor dem Schlafengehen den Tag Revue passieren. Gibt es einen Menschen, dem Sie wegen etwas, das heute vorgefallen ist, vergeben sollten? Genauso wichtig wie das abendliche Waschen und Zähneputzen ist es, vor dem Einschlafen das Bewusstsein zu reinigen, damit Groll und Verbitterung erst gar keine Gelegenheit erhalten, sich anzustauen und festzusetzen.

Visualisierung zur Vergebung

Setzen oder legen Sie sich bequem hin, atmen Sie einige Male tief durch, um sich zu entspannen, und schließen Sie die Augen.

Stellen Sie sich vor, dass Sie in einer ländlichen Gegend auf einer großen Wiese stehen. Eine Straße führt genau auf Sie zu – eine Straße, auf der alles zu Ihnen transportiert wird, was Sie in materieller, emotionaler und spiritueller Hinsicht benötigen. Auf dem Weg zu Ihnen führt die Straße durch einen Korral, einen Pferch, wie er für das Zusammentreiben von Kühen oder Schafen benutzt wird. Der Korral hat zwei Tore: Durch das hintere Tor führt die Straße hinein. Das vordere Tor befindet sich genau vor Ihnen. Wenn beide Tore weit offen stehen, gelangen alle Güter, die über die Straße transportiert werden, frei und ungehindert zu Ihnen, und alle Gaben, die Sie zu geben haben, können frei hinaus in die Welt fließen.

Immer wenn Sie nicht bereit sind, einem Menschen zu vergeben, halten Sie diesen Menschen in Ihrem Bewusstsein fest, fesseln ihn durch Schuldzuweisungen und Vorwürfe. Das Bild der Person ist in Ihrem Bewusstsein »eingepfercht« und die Tore des Pferchs sind fest verschlossen wie Gefängnisgitter. Und natürlich sind auch Sie an den Pferch gefesselt, denn Sie müssen ja Ihren Gefangenen ständig überwachen und kontrollieren. Die geschlossenen Türen des Korrals blockieren den Fluss in Ihrem Leben.

Werfen Sie also jetzt gleich einen Blick in Ihren Korral und schauen Sie nach, wer dort eingepfercht ist. Wenn Sie bereit sind zu vergeben, stellen Sie sich vor, dass die Tore des Korrals sich öffnen. Visualisieren Sie, dass alle Personen, die in dem Korral gefangen waren, frei, glücklich und im Geiste der Vergebung davongehen. Wünschen Sie ihnen alles Gute. Wenn Ihnen das schwer fällt, versuchen Sie, der jeweiligen Person zu vergeben, dem Menschen an sich, ohne damit das, was er getan hat, zu entschuldigen. Fühlen Sie die Erleichterung, die sich durch die Vergebung einstellt, die frische Energie, die Ihnen zufließt. Achten Sie auch darauf, ob Sie sich womöglich selbst in den Korral gesperrt haben, aufgrund von Ego-motivierten Selbstvorwürfen und Schuldgefühlen.

Überprüfen Sie Ihren Korral regelmäßig, besonders wenn Sie sich erschöpft, krank oder ängstlich fühlen. Sie werden feststellen, dass Sie in solchen Zeiten besonders viele Menschen (auch sich selbst) im Korral eingepfercht haben. Sobald Sie die Tore öffnen und die Gefangenen aus dem Gatter befreien, wird Ihre Stimmung sich heben, und neue Energie fließt Ihnen zu.

Engelaffirmationen

Wenden Sie diese Affirmationen täglich an, um Selbstvertrauen und Selbstliebe zu stärken. Sie können sie auch auf Band sprechen und sich so Ihre eigene, höchst wirkungsvolle Affirmationskassette zusammenstellen. Oder Sie können diese Seite fotokopieren und an gut sichtbarer Stelle zu Hause oder im Büro platzieren. Fügen Sie persönliche Affirmationen hinzu, die in unmittelbarem Bezug zu Ihren Zielen und Wünschen stehen.

- *Ich bin jetzt von Engeln umgeben.*
- *Die Engel lassen die Liebe Gottes über mir leuchten und ich selbst strahle diese Liebe auf meine Umgebung aus.*
- *Ich nehme die Liebe Gottes und der Engel dankbar an.*
- *Ich verdiene es, geliebt zu werden.*
- *Ich verdiene es, glücklich zu sein.*
- *Ich verdiene es, gesund zu sein.*
- *Ich verdiene himmlische Hilfe und ich nehme diese Hilfe jetzt dankbar in Anspruch.*
- *Ich bitte Gott und die Engel, mir zu helfen und mich zu führen.*
- *Ich höre auf meine innere Stimme und achte auf meine Gefühle.*
- *Durch meine innere Stimme und meine Gefühle empfange ich Führung von Gott und den Engeln.*
- *Diese Führung ist alles, was ich brauche.*
- *Ich folge meiner inneren Führung in festem, gläubigem Vertrauen.*
- *Ich weiß, dass Gott und die Engel mich hier und jetzt lieben und mich sicher durch mein Leben führen.*
- *Ich nehme die Liebe meiner Engel an.*
- *Ich lasse mich lieben.*
- *Ich liebe.*
- *Ich bin Liebe.*

- *Ich bin liebevoll.*
- *Ich bin liebenswert.*
- *Alle lieben mich.*
- *Ich liebe alle Menschen.*
- *Ich vergebe allen Menschen.*
- *Ich vergebe mir selbst.*
- *Ich sende allen Menschen, denen ich begegne, Gottes Liebe.*
- *Ich achte auf mein Denken und entscheide mich immer nur für positive und liebevolle Gedanken.*
- *Es gibt in dieser Welt einen unerschöpflichen Reichtum an Liebe.*
- *Es ist genug für alle da.*
- *Es gibt genügend materielle Reichtümer für alle.*
- *Ich lebe in Fülle und freue mich an allen guten Dingen des Lebens.*
- *Ich ziehe jetzt wunderbare, liebevolle Menschen in mein Leben.*
- *Meine Engel und ich nehmen mit Freude neue Möglichkeiten wahr, in der Welt Gutes zu tun.*
- *Ich empfange ständig reichen Lohn.*
- *Mein Leben ist harmonisch und friedvoll.*
- *Ich bin friedvoll.*
- *Ich strahle Liebe und gute Energie aus.*
- *Ich freue mich des Lebens.*

Danksagung

Mein Dank an Gott, den Heiligen Geist, Jesus, Frederique, Pearl und meine anderen Führer und Engel. Viel Liebe und Dankbarkeit an Louise L. Hay, Reid Tracy, Jill Kramer, Christy Salinas, Jeannie Liberati, Christine Watsky, Jenny Richards, Renée Noël, Margarete Nielsen, Jacqui Brust, Kristina Tracy, Karen Johnson, Robin Cariker, Ron Tillinghast, Joe Coburn, Barbara Bouse, Anna Almanza, Vanessa Gordon-Marcus, Dee Walker, Suzy Mikhail, Gwen Washington, Adrian Sandoval und Lisa Kelm.

Sehr zu schätzen weiß ich die engelgleiche Hilfe, die mir durch Michael Tienhaara, Steve Allen, Steve Prutting, Charles Schenk, Bronny Daniels, Janine Cooper und Jennifer Chipperfield zuteil wurde. Mein herzlicher Dank an all die wunderbaren Männer und Frauen, denen ich Engel-Readings gegeben habe, und ein Engelsegen an alle meine Klienten und Schüler, die mir gestatteten, ihre Fallbeispiele und Geschichten in diesem Buch zu veröffentlichen.

Über die Autorin

Doreen Virtue arbeitet als hellseherisch begabte Psychotherapeutin. Sie hat an der Chapman-Universität, einem angesehenen Privatinstitut in Kalifornien, studiert und einen Doktorgrad in beratender Psychologie erworben. Doreen hat bislang 22 Bücher verfasst, von denen einige auch in deutscher Sprache erschienen sind.

Doreen Virtue veranstaltet in ganz Nordamerika Seminare über spirituelle Psychologie, in denen sie die Kommunikation mit Engeln und spirituelle Heilmethoden lehrt. Zu ihren Schülern zählen viele Ärzte, Psychologen und Angehörige anderer medizinischer und sozialer Berufe. Doreen ist dank ihrer hellsichtigen Fähigkeiten in der Lage, die Engel von Ratsuchenden zu sehen und mit ihnen zu kommunizieren. Daher wird sie häufig von Radio- oder Fernsehsendern eingeladen, vor Publikum oder per Telefon so genannte »Engel-Readings« abzuhalten, bei denen sie die Schutzengel oder verstorbene Angehörige von Zuschauern und Anrufern beschreibt und mit ihnen Gespräche führt. Doreen Virtue war bereits in zahlreichen Fernsehsendungen zu Gast, unter anderem bei *Oprah, CNN, Good Morning America* und *The View* mit Barbara Walters. Artikel über ihre Arbeit sind in zahlreichen Magazinen und Zeitschriften erschienen.

Informationen über Seminare mit Doreen Virtue erhalten Sie über ihren amerikanischen Verlag *Hay House* oder auf ihrer Website *www.AngelTherapy.com.*

HEYNE

Engel

13/9872

Doreen Virtue
Das Heilgeheimnis der Engel
13/9872

Gwennie Armstrong Fraser
Im Licht der Engel
13/9871

Pietro Bandini
Die Rückkehr der Engel
13/9771

Terry Lynn Taylor
Die Engel waren zur Stelle
13/9802

Veronique Jarry
Wie finde ich meinen Schutzengel?
13/9835

Gayan S. Winter
Schutzengel -Tarot
13/9807

Linda Georgian
Schutz-Engel
13/9668

Robert C. Smith
Schutzengel und Heilengel
13/9728

Dorothy Maclean
Du kannst mit Engeln sprechen
13/9722

HEYNE-TASCHENBÜCHER

HEYNE

Louise L. Hay

13/9898

Das große Buch der heilenden Gedanken
13/9898

Gesundheit für Körper und Seele
13/9828

Wahre Kraft kommt von innen
13/9827

Die Kraft einer Frau
13/9825

Buch der Hoffnung
13/9860

Du selbst bist die Antwort
13/9849

Leben mit Louise L.Hay
13/9838

Das Körper- und Seele-Programm
13/9588

Das Leben lieben
13/9821

Du bist dein Heiler
13/9905

Die innere Ruhe finden
13/9933

HEYNE-TASCHENBÜCHER

HEYNE

Safi Nidiaye

Das Bewusstseinsorakel
Der Weg zum höheren Selbst
13/9908

Das Tao des Herzens
Wie Sie Ihre Gefühle befreien
13/9899

Ihr höheres Selbst
Wie Sie mit ihm Verbindung aufnehmen, Zwiesprache halten, eins werden
13/9782

Liebe ist mehr als ein Gefühl
Partnerschaft,
Sexualität, Spiritualität
13/9641

13/9908

HEYNE-TASCHENBÜCHER